FALANDO DE
Vinhos

CIP BRASIL – CATALOGAÇÃO NA FONTE
SINDICATO NACIONAL DOS EDITORES DE LIVROS, RJ

A496f
4.ed.

Alzer, Celio
  Falando de vinhos : a arte de escolher um bom vinho / Celio Alzer, Danio Braga. – 4.ed. – Rio de Janeiro : Ed. Senac Rio de Janeiro, 2015.
  152p. : il. ; 12cm x 20cm

  ISBN 978-85-7756-063-9

  1. Vinho e vinificação. 2. Vinho – Degustação. I. Braga, Danio. II. Título.

09-5537.   CDD: 641.22
                                CDU: 641.87:663.2

FALANDO DE Vinhos

A ARTE DE ESCOLHER UM BOM VINHO

4ª edição

Celio Alzer e Danio Braga

Editora Senac Rio de Janeiro – Rio de Janeiro – 2015

Falando de vinhos: a arte de escolher um bom vinho.
© Celio Alzer e Danio Braga, 2003.

Direitos desta edição reservados ao
Serviço Nacional de Aprendizagem Comercial –
Administração Regional do Rio de Janeiro.

Vedada, nos termos da lei, a reprodução total ou parcial deste livro.

SISTEMA COMÉRCIO-RJ
SENAC RIO DE JANEIRO

Presidente do Conselho Regional: Orlando Diniz

Diretor do Sistema Comércio: Julio Pedro

Diretor Regional: Eduardo Diniz

Conselho Editorial: Julio Pedro, Eduardo Diniz, Daniele Paraiso,
Marcelo Toledo, Ana Paula Alfredo, Wilma Freitas,
Manuel Vieira e Karine Fajardo

Editora Senac Rio de Janeiro
Rua Pompeu Loureiro, 45/11º andar
Copacabana – Rio de Janeiro
CEP: 22061-000 – RJ
comercial.editora@rj.senac.br
editora@rj.senac.br
www.rj.senac.br/editora

Publisher: Manuel Vieira

Editora: Karine Fajardo

Produção editorial: Ana Carolina Lins, Camila Simas, Cláudia Amorim
e Jacqueline Gutierrez

Fotos das páginas 14, 22, 46, 80, 86, 92, 106, 116, 122 e 144: Sergio Pagano

Projeto gráfico e capa: Milton Costa e Reinaldo Itow | Lato Senso Design

Editoração eletrônica: Cacau Mendes

Impressão: Walprint Gráfica e Editora Eireli

2ª *reimpressão da 4ª edição:* janeiro de 2015

SUMÁRIO

Apresentação 9

Prefácio 11

Capítulo 1

A história do vinho 15
Três épocas históricas 16
O papel da Igreja no desenvolvimento do vinho 18
A contribuição da Inglaterra para a divulgação do vinho 18
A história do vinho no Brasil 19
O momento atual do vinho brasileiro 19

Capítulo 2

Regiões produtoras 23
Zonas de produção de vinho no mundo 24
Os supertoscanos 26
Brasil: as regiões produtoras 32

Capítulo 3

Viticultura 37
A importância da matéria-prima na elaboração do vinho 38
Características e necessidades da videira 38
O que faz uma safra ser tão diferente de outra? 41
A vindima nos hemisférios Norte e Sul 41
O momento da colheita da uva 42
Irrigação artificial e produção 43

Capítulo 4

Castas no mundo 47
Uvas clássicas 48

Capítulo 5

Vinificação 57
Cinco regras básicas para produzir um bom vinho 58
A fermentação alcoólica 58
De onde vem a cor dos vinhos? 60
Vinhos doces: os vários sistemas de elaboração 61
Vinho barricado 62
Vinho varietal x vinho de corte 64
Conservantes 64
Técnicas de vinificação 65

Capítulo 6

Tipos de vinho 69
Classificação dos vinhos na União Europeia 70
Verão, tempo de vinhos brancos 70
O vinho verde 71
O vinho rosé 71
Barolo e Barbaresco, os grandes do Piemonte 72
Beaujolais Nouveau 72
A podridão nobre e seus vinhos mais importantes 73
Vinhos fortificados 74
Corvina: uma uva e quatro vinhos 76
Vinhos especiais: Eiswein, Vin Jaune e Retzina 77
Classificação dos vinhos quanto ao corpo 77

Capítulo 7

Espumantes 81
Champanhe e espumante 82
Elaboração do espumante 82
Crémant, Cava e Prosecco 83

Capítulo 8

Transporte, armazenamento e guarda 87
Cuidados com transporte, armazenamento e guarda do vinho 88
A capacidade de envelhecimento dos vinhos 89

Capítulo 9

O SERVIÇO DE VINHOS 93
Enófilo, enólogo e sommelier 94
Temperaturas de serviço 95
O serviço de vinhos num restaurante 96

Capítulo 10

HARMONIZAÇÃO ENTRE VINHOS E COMIDAS 101
Regras básicas de harmonização 102

Capítulo 11

DEGUSTAÇÃO 107
Condições ideais para a degustação 108
As pistas do exame visual 108
Exame olfativo: dificuldades 110
O exame gustativo 112
Defeitos do vinho 113
Sucessão dos vinhos à mesa 113

Capítulo 12

DESTILADOS E COQUETÉIS 117
Conhaque e armanhaque 118
Bagaceira, grappa e marc 118
Eaux de vie: poire e framboise 119
A origem do kir 119

Capítulo 13

PERSONALIDADES DO MUNDO DO VINHO 123
A Ferreirinha 124
Hipócrates 124
Emile Peynaud 125
Marquês de Pombal 125
As viúvas de Champagne 126
Churchill 126

Capítulo 14

Curiosidades 129
As organizações de tutela do vinho 130
De onde vêm os vinhos que o Brasil importa? 130
Provérbios sobre vinho 131
O vinho na literatura 132
A classificação de 1855 em Bordeaux 133
Rolhas de material sintético 133
O vinho como elemento socializante 134
De onde vem o carvalho das barricas? 134
A que temperatura congela o vinho? 135
A lenda do gallo nero 136
Histórias do vinho do Porto 136
Os maiores produtores de vinho do mundo 137
Os flying winemakers 137
O vinho e os amigos 138
Por que certos vinhos são tão caros? 138
É possível comparar vinhos de países diferentes? 139
Quebrando tabus 139
É preciso experimentar novos vinhos 140
Vinhos de butique 140
O vinho como remédio universal 141

Capítulo 15

Vocabulário do vinho 145
Conhecendo a terminologia 146
Leitura do rótulo do vinho brasileiro 147
Expressões do rótulo francês 147
O que é terroir? 148
Château, domaine e clos 148
Blanc de blancs e blanc de noirs 149
O termo "classico" 149
O termo "reserva" na Espanha, na Itália e no Brasil 150

Apresentação

O aumento do consumo de vinhos finos em nosso país, o espaço cada vez maior que a imprensa nacional dedica a essa bebida em todas as suas variações e o interesse crescente de grandes redes de supermercado pelo produto não deixam dúvida: os brasileiros sucumbiram definitivamente à arte da degustação do vinho. Um costume que se instala entre nós juntamente com outra tendência: a sede de informações sobre o assunto. Uma prova disso são as turmas lotadas, ano após ano, nos cursos da Associação Brasileira de Sommeliers (ABS). Não faz muito tempo, o diretor de uma vinícola argentina, após observar por alguns dias os hábitos do consumidor brasileiro, nos confidenciou: "Nós bebemos mais do que vocês, mas vocês bebem melhor do que nós."

O que impressionou o executivo argentino foi a desenvoltura com que os clientes de restaurantes dialogam com os garçons em busca de informações sobre este ou aquele produto, bem como a naturalidade com que conversam entre si sobre as características de determinado vinho, suas possibilidades de harmonização com a comida e a relação custo-benefício. Enfim, hoje se fala sobre vinho no Brasil como antes se falava sobre cerveja.

Paradoxalmente, o que deveria ser motivo de alegria e admiração acabou levando a uma crítica injusta e inoportuna em todos os sentidos: parte da mídia cedeu à tentação da pauta fácil, criando para esse novo consumidor o neologismo "enochato", termo que logo foi adotado por alguns afoitos profissionais da área de restaurantes – exatamente o segmento que deveria comemorar o surgimento de clientes com esse perfil.

Entretanto, não é difícil entender o comportamento desse consumidor que está entrando no mercado. Enquanto nos países produtores tradicionais o vinho faz parte da cultura das populações – e, como tal, é bebido no dia a dia com absoluta naturalidade –, em nações de história vinícola recente, como a nossa, é objeto de particular interesse e curiosidade. Quem sabe, um dia, chegaremos lá também? Até que isso ocorra, cabe-nos satisfazer a demanda de informações sobre o vinho. Só assim, por meio do conhecimento, seus apreciadores terão condições de identificar os produtos bons e honestos e, desse modo, fazer as melhores escolhas.

Nosso livro pretende ajudar nessa tarefa, mas sem jamais ser pretensioso. Daí termos adotado a presente abordagem dividindo esse vastíssimo assunto em diversos temas de fácil e – esperamos – agradável e instrutiva leitura. Foi assim também, em pequenos blocos, que optamos por apresentar nosso programa "Falando de Vinhos", que, no período de 2002 a 2004, foi transmitido pela Rádio JB FM. Programa e livro são meios diferentes que encontramos de atingir o mesmo objetivo: divulgar o vinho no Brasil e formar um consumidor cada vez mais consciente.

Os autores

Prefácio

Tanto faz se você, leitor, trabalha com vinho ou se simplesmente aprecia um belo Cabernet Sauvignon ou um Merlot – desde que o seu propósito seja aprender sobre a bebida predileta de Baco –, este livro lhe proporcionará um verdadeiro deleite. Afinal, trata-se de uma obra produzida por uma dupla de experientes profissionais da área que há mais de vinte anos vem mostrando como abordar o assunto com profundidade, simplicidade e respeito. Celio Alzer e Danio Braga são mais que especialistas em vinho; são enófilos por definição.

Nesta obra, eles apresentam a história do vinho, descrevem as peculiaridades da viticultura e da vinificação, revelam curiosidades sobre a bebida, ensinam como harmonizá-la com a comida, apontam as principais regiões produtoras no Brasil e no mundo, descrevem as castas das uvas e mostram com maestria detalhes que singularizam o serviço e a degustação do vinho, além de "desvendarem" a terminologia empregada nesse mercado.

Portanto, se o seu objetivo é instruir-se sobre esses e outros temas, nada melhor do que desfrutar do conhecimento destes dois *experts*. Celio Alzer, ex-radialista, é consultor de vinhos e professor da Associação Brasileira de Sommeliers (ABS), e promove o setor por meio de cursos e palestras. Fundador da ABS, Danio Braga imprime em seu negócio o amor incondicional pelos bons vinhos. Chef e proprietário do restaurante Sollar, em Búzios, consultor da companhia aérea TAP Portugal há mais de sete anos e chef do restaurante Locanda della Mimosa, em Petrópolis, atuou também, de 2000 a 2009, como consultor da área de vinhos da rede de supermercados Zona Sul.

Com este livro, o Senac Rio de Janeiro consolida mais uma iniciativa de qualidade voltada para o promissor mercado do vinho, que vem ampliando significativamente seu espaço no Brasil.

Além de realizarmos programas educacionais sobre vinhos para os apreciadores e profissionais dessa bebida, publicamos a obra *Sommelier – Profissão do futuro*, da Association de la Sommellerie Internationale, com a qual mostramos que não basta manejar um saca-rolhas com destreza para que um profissional seja considerado um bom sommelier – é preciso conhecer e dominar todos os meandros dessa arte. Agora, você tem uma nova oportunidade de degustar o universo do vinho. Esperamos sinceramente que a aprecie.

Senac Rio de Janeiro

FALANDO DE *Vinhos*   A ARTE DE ESCOLHER UM BOM VINHO

Capítulo 1
A história do vinho

Três épocas históricas

De acordo com o meio técnico, três épocas assinalam a história do vinho: a primeira é a do barro cozido, da ânfora usada por gregos e romanos; a segunda, a do tonel; e a terceira, a da garrafa.

A época da ânfora estendeu-se do ano 800 até o ano 1000. Naquele tempo, o vinho só podia ser conservado com a adição de resinas – de pinheiro, especialmente – e tinha de ser diluído em água para ser bebido.

Na época do tonel – que foi provavelmente inventado pelos celtas e aperfeiçoado pelos romanos –, o vinho passou a ser guardado em madeira, tornando-se mais ligeiro, mais leve. Mas havia muitos problemas de conservação, pois era necessário esvaziar o barril com rapidez, a fim de evitar o contato do líquido com o ar. Por isso, o vinho não podia ser armazenado em casa: o consumidor precisava comprá-lo diretamente nos estabelecimentos comerciais.

A terceira época, muito importante, começou com a invenção da garrafa – a chamada garrafa de vidro forte, provavelmente criada pelos ingleses no século XVII. A partir de então, foi possível produzir o espumante, visto que antes não havia um recipiente que suportasse a pressão do gás. A invenção também permitiu o uso da rolha e, portanto, a melhor conservação dos vinhos de baixa graduação alcoólica.

O desenvolvimento da garrafa

A garrafa de vidro como a conhecemos hoje, tão necessária para a conservação do vinho, foi provavelmente, como dissemos, uma criação inglesa de meados do século XVII. Todavia, no museu de Speyer, na Alemanha, encontra-se uma pequena ânfora de vidro, datada do século III, em que foram evidenciados vestígios de vinho.

No século XI, a indústria do vidro em geral – e das garrafas em particular – atingiu um alto grau de refinamento na República de Veneza. Para resguardar o segredo da fabricação do cristal vêneto, o governo chegou a transferir a indústria do vidro para a pequenina ilha de Murano, próxima de Veneza. Mesmo assim, muitos artesãos conseguiram sair da ilha, levando sua arte para França, Alemanha, Catalunha e Boêmia.

O formato das garrafas é uma questão de tradição: cada região vinícola importante tem a sua. A cor, entretanto, obedece a critérios técnicos: as garrafas em geral são verde-escuras ou âmbar, para proteger o vinho das alterações provocadas pela luz. Pelo mesmo motivo, o vinho deve ser guardado, de preferência, na penumbra, ou seja, em ambientes com luz bem fraca.

Hierarquia das garrafas de champanhe

A garrafa normal de champanhe de 750ml só foi padronizada em 1975. Hoje, esse vinho pode ser apresentado em dez formatos de garrafa, alguns deles feitos apenas sob encomenda. A hierarquia das garrafas de champanhe é a seguinte: a de 200ml (conhecida como 1/4); a meia garrafa (de 375ml); a garrafa normal (de 750ml); a magnum (que tem 1,5l) e, a partir desta, garrafas especiais com nomes de origem bíblica.

A garrafa de três litros é a Jéroboam, que se usa no pódio da Fórmula 1. Depois, a Réhoboam, de 4,5 litros; a Mathusalem, de seis litros; a Salmanazar, de nove litros; a Balthazar, de 12 litros; e a Nabuchodonosor, de 15 litros. A casa Drappier ainda tem uma especial, chamada Primat, com capacidade para 27 litros. Feita sob encomenda, custa quase US$ 1 mil.

O papel da Igreja no desenvolvimento do vinho

O vinho sempre esteve ligado à religião. Muito já se ouviu falar no Vin Santo, um vinho italiano que recebeu esse nome porque era usado nas missas. E a *Bíblia Sagrada* cita o vinho centenas de vezes. Mas a Igreja fez muito mais por essa bebida ao longo da História.

Na Idade Média, por exemplo, a Igreja Católica exerceu o papel de guardiã do vinho. Foi uma época muito conturbada, marcada por numerosas guerras, em que os homens eram obrigados a abandonar suas atividades normais – entre elas, o cultivo da videira – para servir nos exércitos. Como precisavam garantir a produção de vinho para uso na missa, os mosteiros e as abadias passaram a cultivar a videira e a elaborar a bebida. Dom Pérignon, tido como o criador do champanhe, foi um desses religiosos cujo nome ficou definitivamente associado ao vinho.

A contribuição da Inglaterra para a divulgação do vinho

Costuma-se afirmar que a Inglaterra não produz vinho, mas isso não é verdade. Juntos, a Inglaterra e o País de Gales colocam no mercado perto de dois milhões de litros dessa bebida por ano. Mas a grande contribuição da Inglaterra certamente foi na divulgação de alguns vinhos. Sabe-se que o Império Britânico sempre contou com uma grande frota marítima, cujos navios circulavam por todo o mundo. Esse seu intenso comércio fez conhecer e propagou o consumo de certos vinhos que, até então, só tinham expressão local.

O Porto é o exemplo mais evidente. O mesmo fato se deu com o vinho Madeira, tão popular na Inglaterra que as damas da corte chegavam a usá-lo como perfume. O vinho de

Bordeaux também se beneficiou da divulgação promovida pelos comerciantes ingleses. Vem daí o termo *claret*, que até hoje é utilizado na Inglaterra para denominar os vinhos do Médoc.

A HISTÓRIA DO VINHO NO BRASIL

A videira teve origem há pelo menos 5.500 anos, e países como França e Itália a cultivam e elaboram o vinho há milhares de anos. Por isso, quando falamos em vitivinicultura no Brasil, estamos nos referindo a uma experiência muito recente.

A primeira videira foi plantada no Brasil em 1532 por Brás Cubas, fidalgo português que chegou ao País na comitiva de Martim Afonso de Souza, donatário da capitania de São Vicente. Ele a plantou no atual bairro do Tatuapé, na cidade de São Paulo.

O segundo marco histórico ocorreu a partir de 1875, quando italianos, provenientes principalmente do Veneto, chegaram à Serra Gaúcha. Era uma vitivinicultura ainda incipiente, mas também a origem de muitas empresas familiares que hoje estão presentes no mercado brasileiro de vinho.

Um século depois, por volta de 1970, entraram no Brasil as primeiras multinacionais do ramo de bebidas, trazendo conhecimentos, tecnologia, mudas de variedades nobres e, sobretudo, capital. Pode-se afirmar, portanto, que o Brasil tem somente pouco mais de trinta anos de vitivinicultura moderna.

O MOMENTO ATUAL DO VINHO BRASILEIRO

Após os três períodos que marcaram a história do vinho no Brasil (entre 1532 e 1970), hoje estamos vivendo uma nova etapa: a do progresso tecnológico – seja no campo, seja na cantina. Na agricultura, usam-se técnicas aprimoradas de manuseio do vinhedo, condução da videira e novos plantios. Na cantina, adotam-se tecnologia de última geração e equipamentos modernos e, acima de tudo, exige-se competência profissional. A geração que atualmente conduz esse processo é formada por jovens enólogos e proprietários de vinícolas, descendentes dos colonos italianos. Ao contrário de seus antepassados, porém, eles estão muito mais preparados para os desafios da elaboração e da comercialização do vinho. Esse é o motivo pelo qual as empresas familiares cresceram tanto a partir da década de 1990.

FALANDO DE *Vinhos*   A ARTE DE ESCOLHER UM BOM VINHO

Capítulo 2
Regiões produtoras

Zonas de produção de vinho no mundo

A videira é uma planta que se adapta a diversos tipos de clima e solo, à exceção daqueles muito úmidos. Apesar disso, ela produz melhor em determinadas áreas. No hemisfério Norte, a faixa se estende aproximadamente do paralelo 31° ao 49°, uma zona bem setentrional. Todo o chamado Velho Mundo está compreendido ali; e, ainda, a Califórnia, o norte da África, a Rússia e o Japão. Nessa região, encontram-se os quatro maiores produtores mundiais de vinho: Itália, França, Espanha e Estados Unidos.

No hemisfério Sul, entre os paralelos 30° e 45°, tem-se todo o Novo Mundo: Argentina, que é o quinto produtor mundial, Chile, Brasil, África do Sul, Austrália e Nova Zelândia. Algumas regiões irrigadas — como o Vale do São Francisco, entre Pernambuco e Bahia — estão fora dessa faixa. Nesse caso, é a tecnologia dando uma mãozinha à natureza.

Bordeaux: as duas margens do Gironde

Os vinhedos de Bordeaux, no sudoeste da França, estendem-se por todo o Departamento da Gironde. Esse é também o nome do rio que divide a região em duas partes: na margem esquerda, sofrendo a influência do oceano Atlântico, encontram-se as áreas do Médoc e do Graves; do lado direito, com um clima mais continental, as sub-regiões mais conhecidas são Saint-Emilion e Pomerol.

No Médoc e no Graves, o solo é constituído de seixos ou pedras roladas, sobre um fundo de argila, calcário e areia. A variedade de uvas dominante é a Cabernet Sauvignon, com boa quantidade de Merlot e Cabernet Franc. Os vinhos tintos são elegantes, de buquê muito delicado e com ótima capacidade de envelhecimento. Existem brancos também feitos especialmente de Sauvignon Blanc e Sémillon.

A margem direita do Gironde só produz vinhos tintos, e as uvas mais plantadas são a Cabernet Franc e a Merlot, visto que o solo não é muito propício à Cabernet Sauvignon. Os vinhos do Pomerol são encorpados e envelhecem muito bem. É dali o famoso Petrus. Os de Saint-Emilion, como se costuma dizer, ficam entre a elegância do Médoc e a potência do Pomerol. Ausonne e Cheval Blanc são os dois maiores representantes da elite local dessa bebida.

A Alsácia

Famosa por seus vinhos brancos, a Alsácia localiza-se no nordeste da França, na fronteira com a Alemanha. Aliás, essa região já mudou de mãos várias vezes nas guerras entre os dois países. Daí decorre uma grande injustiça: há quem diga que a Alsácia produz vinhos alemães em território francês, o que não é verdade, pois, enquanto a Alemanha privilegia a doçura dessa bebida, a Alsácia se destaca especialmente pelos vinhos secos, de ótima estrutura e com bom teor alcoólico.

São vinhos que combinam muito bem com os pratos típicos da região. Dois exemplos são o Riesling, acompanhando o chucrute; e o Gewürztraminer, o queijo Munster. Riesling e Gewürztraminer são as duas grandes uvas da Alsácia. As outras são a Pinot Gris, também conhecida como Tokay, a Muscat e a Sylvaner.

O Crémant d'Alsace é o espumante local, em geral de muito boa qualidade. E os vinhos de *vendange tardive*, ou "colheita tardia", estão entre os melhores vinhos doces franceses. Noventa e cinco por cento dos vinhos alsacianos são brancos.

Sul da França e sul da Itália

Sem dúvida, as regiões de Bordeaux e Borgonha são as grandes referências quando se fala em vinho tinto francês.

No entanto, hoje, a qualidade também está presente em outras áreas, especialmente no sul da França, na região do Languedoc--Roussillon – o chamado Midi.

E não é só na França: o sul da Itália passou a viver o mesmo fenômeno na segunda metade da década de 1990 na Puglia, na Sicília e até na Sardenha. Os tintos estão cada vez melhores e até os brancos começam a ganhar em delicadeza e elegância.

Essas regiões sempre tiveram um grande potencial. O que faltava era investimento, tanto nos vinhedos quanto nos equipamentos e nas técnicas de vinificação. E esse processo está apenas começando: os vinhos do sul da França e da Itália ainda vão melhorar muito, amparados por um fator essencial, que é a equilibrada relação custo-benefício.

Os supertoscanos

Foram os norte-americanos que criaram a expressão supertoscanos para designar certos vinhos italianos de alta qualidade. Tudo começou na Toscana, por causa das normas muito rígidas de produção do Chianti, segundo as quais um vinho tinto deveria conter também uvas brancas. Os produtores locais não aceitavam essa exigência. Até que, no final da década de 1960, dois deles resolveram ignorar essas normas e lançaram no mercado vinhos que logo fariam grande sucesso: primeiro o Sassicaia e, pouco depois, o Tignanello.

Pelo fato de a legislação local não ter sido obedecida, esses vinhos foram classificados na categoria *vino da tavola*, ou "vinho de mesa", a mais simples dos vinhos italianos. Entretanto, o Sassicaia e o Tignanello são grandes vinhos, como tantos outros que, seguindo seu exemplo, passaram a surgir em todas as partes da Itália.

A nova Espanha

Pode-se afirmar que hoje existe uma nova Espanha em termos de vinho. Várias regiões espanholas que antes só elaboravam vinhos comuns, entre elas Priorato, Toro, Somontano, Tarragona, Costers del Segre, Bierzo e até a árida La Mancha, agora despontam como produtoras de vinhos finos.

Rioja, Ribera del Duero e Jerez não estão mais sozinhas. E o Vega-Sicilia não é mais a única referência em vinhos. Isso se deve a investimentos maciços de alguns empresários no setor vinícola, desde os anos que precederam a entrada do país para a Comunidade Europeia, em 1986. A Espanha aprendeu a lição: se quiser exportar seu produto, tem de melhorar a qualidade.

O Priorato

Na segunda metade da década de 1990, o mundo do vinho tomou conhecimento de uma pequena região produtora da Catalunha que, até então, era ignorada até mesmo pelo público espanhol: o Priorato. Vale ressaltar que, em meados dos anos 1970, a Organização das Nações Unidas para a Alimentação e a Agricultura (FAO), depois de uma ampla pesquisa considerando fatores ecológicos, condições de cultivo da videira e até parâmetros etnológicos, concluiu que o Priorato reunia as qualidades ideais para elaborar o melhor vinho do mundo. Para concretizar essa teoria, faltavam os investimentos, que viriam a ser feitos por empresários como René Barbier e Alvaro Palacios, entre outros. Hoje, o Priorato está produzindo vinhos magníficos, de grande complexidade e ótima capacidade de guarda.

Douro x Alentejo

Em Portugal, o Douro, a nordeste, e o Alentejo, a sudeste, são as duas regiões vinícolas em voga no momento. A diferença de acidez entre os vinhos de cada região é marcante. Por serem produzidos mais ao norte, os vinhos do Douro em geral têm acidez mais alta. Os solos também mudam. No Douro, encontra-se o xisto, uma pedra muito dura que precisa ser quebrada para se plantar a vinha. No Alentejo, os solos são argilosos e calcários.

Dadas essas condições, as uvas também são diferentes. No Douro, destacam-se a Touriga Nacional, Touriga Franca, Tinta Amarela, Tinto Cão e Tinta Barroca. No Alentejo, as variedades clássicas são a Periquita, ou Castelão, e a Trincadeira. Uma variedade está presente nas duas regiões: a Tinta Roriz, assim chamada no Douro, ou Aragonês, como é conhecida no Alentejo.

As duas regiões são produtoras dos maiores clássicos entre os vinhos portugueses: o Barca Velha, no Douro, e o Pêra-Manca, no Alentejo.

Colares, uma região sem filoxera

Em 1865, a filoxera, uma terrível doença que ataca a videira, como será visto mais adiante, surgiu em Portugal. Como acontecera na França e na Espanha, começava, então, a destruição dos vinhedos portugueses. Uma região, porém, ficou imune à praga e assim permanece até hoje: Colares.

Colares é uma pequena vila próxima de Lisboa, bem junto ao mar. Seu solo é arenoso, e foi justamente isso que a salvou da filoxera. O pulgão, inseto responsável pela doença, que ataca sempre pela raiz, não consegue penetrar nesse tipo de solo. O sistema de plantio da vinha é muito particular: abrem-se grandes buracos no solo, chegando-se por vezes a 10m de profundidade, até se encontrar a camada de barro. Ali são enterradas as varas da videira.

O sistema de plantio sem utilização do porta-enxerto (ver página 40), ou cavalo, é chamado de pé-franco, e é assim que é plantada a variedade tinta Ramisco, típica da região:

os vinhos de lá têm de conter, pelo menos, 80% dessa casta. Os brancos são principalmente de Malvasia, Bual e Arinto. Lamentavelmente, em razão da especulação imobiliária, os vinhedos estão desaparecendo e o vinho de Colares torna-se cada vez mais difícil de encontrar.

O reconhecimento do vinho californiano

A Califórnia produz vinhos desde o século XVIII. No entanto, foi apenas na década de 1970 que a Europa passou a considerar com seriedade os vinhos californianos e a indústria vinícula norte-americana.

Em 1976, o jornalista inglês Steven Spurrier promoveu uma degustação às cegas, colocando lado a lado vinhos franceses e californianos. O corpo de degustadores era formado por jornalistas especializados e sommeliers europeus. Ao final, conhecidos os resultados, um Cabernet Sauvignon e um Chardonnay norte-americanos tinham superado alguns grandes nomes de Bordeaux e da Borgonha.

As surpresas continuaram em 1979, nas Olimpíadas do Vinho promovidas pela revista francesa *Gault et Millau*, quando outros dois vinhos da Califórnia chegaram em primeiro lugar.

Mas foi de fato em 1976, no que ficou conhecido como o Teste de Paris, que a comunidade internacional passou a dar atenção ao vinho da costa oeste dos Estados Unidos, comprovando que a Califórnia já fazia parte do clube dos grandes produtores e tinha vindo para ficar.

A Austrália no contexto mundial

A Austrália avança com firmeza rumo ao mercado internacional. Desde o final da década de 1990, é o sétimo produtor mundial, contém quase 1.500 vinícolas e um volume de exportações que ultrapassa US$1 bilhão por ano. Esses números são notáveis, sobretudo porque o país é praticamente um recém-chegado ao mundo do vinho.

Em 1788, o capitão inglês Arthur Phillip plantou a primeira videira na Austrália. Entretanto, só a partir do século XX, em meados da década de 1980, começaram a ser produzidos vinhos de qualidade e foram estabelecidas metas de exportação muito ambiciosas. Hoje, das dez maiores empresas do setor vinícola, três estão na Austrália.

A história do vinho australiano teve início em Sidney, no Hunter Valley, conhecido como Nova Gales do Sul. E o forte da produção do país continua no sudeste. Além dessa região pioneira, os destaques são Victoria, onde fica Melbourne, e principalmente a Austrália Meridional, onde está Adelaide, com algumas sub-regiões de grande expressão: Barossa Valley, Coonawarra, McLaren Vale, Clare Valley e várias outras. Além de vinho, a Austrália exporta mão de obra especializada – muitos de seus enólogos são consultores internacionais de sucesso.

O vinho argentino

Em meados da década de 1970, a Argentina consumia 83 litros de leite anuais *per capita* e 92,5 litros de vinho. Contudo, o vinho, na época, não era nada bom. O país só começou a produzir vinhos de qualidade no fim dos anos 1980, quando viu o consumo interno despencar. Em decorrência disso, voltou-se para a exportação e, para tal, teve de melhorar a qualidade de seu produto.

Hoje, as bodegas estão muito bem-equipadas, a indústria argentina é de ótima qualidade e, o que é muito importante, tem preços altamente competitivos. Era tudo o que faltava, pois as condições naturais para produzir um bom vinho (especialmente tinto) já existem no país.

A Nova Zelândia

Esse país da Oceania é atualmente a grande sensação do mundo vinícola. Com apenas 3,8 milhões de habitantes, produz sessenta milhões de litros de vinho por ano, cerca de 1/5 da produção brasileira.

A Nova Zelândia plantou seu primeiro vinhedo no século XIX, mas só no início da década de 1990 entrou no mapa do vinho internacional. Isso depois de muitos investimentos, do incremento do plantio de variedades nobres e graças a uma legislação moderna.

Hoje, o país tem um Sauvignon Blanc de alta qualidade, talvez o mais interessante fora da França. E vem se destacando também pela produção da Pinot Noir, uma uva sabidamente difícil de cultivar, da qual raramente se originam grandes vinhos em outro lugar que não seja a Borgonha.

O Chile

O Chile apresenta excelentes condições climáticas para a produção de vinhos, mas, em matéria de qualidade, só começou a deslanchar a partir da segunda metade do século XIX. Foi quando Don Silvestre Ochagavía, viticultor e empresário de larga visão, iniciou a substituição das antigas variedades espanholas por castas francesas – Cabernet, Merlot, Pinot Noir – importadas diretamente da França.

Em 1903, a produção chilena de vinhos chegava aos 275 milhões de litros, o dobro de vinte anos antes, o que começou a causar problemas, pois ultrapassava as necessidades do consumo interno. Veio então a chamada Ley Orgánica de Alcoholes, que, por pouco, não proibia a plantação de vinhedos. Só em 1974 a lei foi revogada. Durante todo esse tempo, a produção chilena ficou praticamente estagnada.

O salto de qualidade começou por volta de 1980, quando o Chile adotou várias medidas importantes: introdução de novos equipamentos de vinificação, melhor tecnologia e maior preocupação com garrafas e rótulos. Isso, somado ao aporte de capital estrangeiro, foi o bastante para incluir o país no mapa dos bons produtores de vinho do mundo.

Brasil: as regiões produtoras

Até pouco tempo atrás, quando se falava do vinho brasileiro, havia uma associação imediata com a Serra de Nordeste, a chamada Serra Gaúcha. Hoje, outras regiões também produzem a bebida.

Embora a Serra Gaúcha continue na liderança da produção de vinhos finos brasileiros — mais de 90% deles vêm dessa região, em especial dos municípios de Bento Gonçalves, Garibaldi, Caxias do Sul e Flores da Cunha —, existe outra área que está progredindo muito. Trata-se da Campanha Gaúcha, ao longo da fronteira com o Uruguai, que inclui Santana do Livramento, Bagé e Pinheiro Machado.

Além dessa, a mais nova região brasileira produtora de vinhos finos é o Médio Vale do São Francisco, na divisa entre Pernambuco e Bahia, representada principalmente pelas cidades de Petrolina, Santa Maria da Boa Vista e Lagoa Grande. Como é uma região semiárida, utiliza-se a irrigação, com água bombeada do rio São Francisco.

As novas regiões produtoras do sul do Brasil

Embora a Serra Gaúcha seja a principal região produtora dos vinhos finos brasileiros, esse quadro está mudando em virtude de pesquisas e experimentações que várias empresas estão realizando em outras localidades.

À exceção do Estado de Santa Catarina, especialmente as localidades de São Joaquim, Bom Retiro e Campos Novos, as demais áreas vitícolas ficam no próprio Rio Grande do Sul. A mais conhecida, onde várias empresas já estão estabelecidas e à qual já nos referimos, é a Campanha Gaúcha, a cerca de 200km da Serra, junto à fronteira com o Uruguai. Os produtores de espumante, por sua vez, apostam na Serra de Sudeste, que parece ter ótimas condições para produzir esse tipo de vinho.

E a noroeste da Serra Gaúcha fica Davi Canabarro, onde, até a chegada das primeiras vinícolas, predominavam as plantações de milho. O pesquisador Jorge Tonietto, da Empresa Brasileira de Pesquisa Agropecuária (Embrapa), afirma que dentro de alguns anos "é muito possível que as melhores bebidas do Brasil venham dessas localidades".

A Denominação de Origem (DO): Vale dos Vinhedos

O Vale dos Vinhedos foi a primeira região brasileira a ser contemplada com a Denominação de Origem (DO) para a produção de vinhos, em setembro de 2012, por decisão do Instituto Nacional de Propriedade Industrial (INPI). Para conter a DO em seus rótulos, os vinhos e espumantes têm de ser elaborados exclusivamente com uvas viníferas colhidas no Vale dos Vinhedos – área de aproximadamente 81 mil quilômetros quadrados, localizada nos municípios de Bento Gonçalves, Garibaldi e Monte Belo do Sul, na Serra de Nordeste do Rio Grande do Sul.

Praticada em todos os países com tradição na produção de vinhos, a DO é um meio de atestar que o produto foi elaborado de acordo com especificações técnicas muito precisas, representando a identidade de solo e o clima de determinada região vinícola. No caso do Vale dos Vinhedos, as normas foram criadas – e são fiscalizadas – pela Associação dos Produtores de Vinhos Finos do Vale dos Vinhedos (Aprovale).

As exigências para obter o selo de DO consistem nas variedades de uvas utilizadas, nos tipos de produtos, no limite de produtividade no vinhedo e na graduação alcoólica mínima do vinho. Vale ressaltar que, para os tintos, a Merlot é a variedade emblemática de uva, tendo como auxiliares a Cabernet Sauvignon, Cabernet Franc e Tannat. Já os brancos podem ser somente de Chardonnay e/ou Riesling Itálico. E os espumantes, por sua vez, podem utilizar três tipos de uva: Chardonnay, Pinot Noir e Riesling Itálico.

FALANDO DE *Vinhos* A ARTE DE ESCOLHER UM BOM VINHO

Capítulo 3
Viticultura

A importância da matéria-prima na elaboração do vinho

Conta-se que, quando o grande enólogo Emile Peynaud assumiu a direção técnica do Château Margaux, os novos proprietários falaram a ele de seu objetivo de produzir o melhor vinho do mundo. A resposta de Peynaud: "É simples, basta me darem as melhores uvas do mundo."

Ele estava certíssimo, porque, apesar de todos os avanços da tecnologia, só se pode fazer um bom vinho com uma ótima uva. Os produtores conscientes sabem disso muito bem. Tanto que, hoje, a prioridade das empresas é o vinhedo, que deve ter uma localização apropriada, drenagem perfeita, boa exposição ao sol, seleção de mudas e variedades mais adequadas – tudo isso é essencial. Um bom equipamento ajuda muito, porém jamais substitui a qualidade da uva.

Também merece consideração a questão do rendimento, ou seja, o número de plantas por hectare: alta produção e alta qualidade são incompatíveis. Respeitados esses parâmetros, basta torcer por bom tempo, sol e chuva na hora certa.

Características e necessidades da videira

Como toda espécie vegetal, apesar de ser uma planta bastante resistente e muito versátil, a videira tem necessidades específicas em termos de solo e clima. Alguns fatores devem ser levados em conta:

- As zonas mais favoráveis para o cultivo da videira estão localizadas entre os paralelos 34° e 45° (ao norte) e 31° e 38° (ao sul).
- Solos muito férteis não são adequados à videira, uma vez que a levam a um excesso de vigor e a uma produção muito grande de uvas, o que consequentemente prejudica a qualidade do vinho.

- O frio intenso ou o calor prolongado também são prejudiciais à videira. No verão, ela prefere dias longos, sem nuvens ou nevoeiros.
- A luz também é importante: a videira é sedenta de sol, precisa de dias serenos e luminosos.
- As chuvas têm de vir na época apropriada: a vinha não suporta muita água.

Uvas viníferas x uvas americanas

Na família da videira, existem duas espécies principais. Uma delas é a chamada *Vitis vinifera*, à qual pertencem as variedades nobres de origem europeia – Cabernet, Merlot, Riesling, Chardonnay. São plantas exigentes quanto às condições climáticas e originam vinhos finos, de qualidade superior.

No outro extremo, estão as videiras americanas (*Vitis labrusca*, *Vitis bourquina*), assim denominadas por serem naturais da América do Norte. São mais resistentes a doenças e pragas diversas, porém produzem um vinho de qualidade mais modesta. A mais conhecida no Brasil é a variedade chamada Isabel. Um detalhe curioso: as uvas americanas são usadas na produção de um suco de uva excelente, que o Brasil devia explorar melhor.

Sistemas de condução da videira

A qualidade final de um vinho depende de uma série de fatores, embora, sem dúvida, a matéria-prima seja essencial. Não existe bom vinho sem uma boa uva. É nesse aspecto que passamos a considerar o sistema de condução da videira.

Existem duas maneiras principais de cultivar essa árvore. A primeira é a latada, ou pergolado, em que as plantas, quando adultas, formam um verdadeiro caramanchão. Esse é o sistema mais utilizado, ainda hoje, na Serra Gaúcha. Todavia, há um inconveniente: os frutos não recebem insolação apropriada e, assim, a concentração de açúcar na uva é baixa.

O outro sistema de condução chama-se espaldeira, em que as plantas se alinham em fileiras paralelas, com uma separação de cerca de 2m entre uma fila e outra. Nesse método, a uva, sem dúvida, recebe mais sol e amadurece melhor. Além disso, é possível fazer a colheita com o uso de máquinas.

Enxertia: protegendo a videira da filoxera

Filoxera: essa palavra é o terror dos viticultores. Quando o inseto transmissor dessa praga ataca as raízes de uma planta, ela está condenada. A doença, que teve origem em videiras levadas da América do Norte para a Europa, manifestou-se pela primeira vez pouco depois de 1850, espalhando-se rapidamente pela França, Espanha, Itália e pelo resto do mundo, dizimando vinhedos.

Hoje, a videira é plantada pelo sistema de enxertia, que protege a planta da praga. Nessa técnica, planta-se no solo a videira americana (nativa da América do Norte), que é imune à doença — é o que se chama de cavalo ou porta-enxerto. Em cima dela, enxerta-se a videira europeia (a chamada vinífera). Só assim a vinífera fica protegida da filoxera.

Somente um país não precisa desse recurso: o Chile, que jamais registrou a ocorrência da filoxera, por causa de suas defesas naturais — ao norte, o deserto de Atacama, o mais árido do mundo; ao sul, as terras geladas; a leste, a cordilheira dos Andes; e a oeste, o oceano Pacífico.

A importância da poda

"Deixe-me pobre que eu te deixarei rico", disse a videira ao agricultor. O provérbio passa a mensagem de que, quanto mais severa for a poda, quanto menos gemas forem deixadas

nos galhos, melhor será a qualidade da uva na hora da colheita. E é assim que o produtor pode ganhar mais dinheiro, pois o vinho será melhor.

A poda da videira é importante por vários motivos. Permite regular a produção, tornando-a constante e de boa qualidade, além de facilitar o controle de doenças. É também com a poda que a seiva nutritiva se distribui mais adequadamente pela planta, possibilitando que a videira dê frutos melhores.

O QUE FAZ UMA SAFRA SER TÃO DIFERENTE DE OUTRA?

Talvez você já tenha vivido uma situação assim: certo dia, prova um vinho de uma determinada safra e gosta muito; meses depois, degusta o mesmo vinho, porém de outra safra, e acha que não é tão bom quanto o anterior. Afinal, por que isso acontece?

Basicamente, o que diferencia uma safra de outra é o clima. No ano em que a natureza ajuda, quando chove pouco e o sol aparece na hora certa, o vinho fica perfeito: concentrado, com boa perspectiva de vida. Quando chove muito na hora errada, o vinho não sai tão bom.

Foi o que ocorreu em 2002, em várias partes da Europa. No Piemonte, por exemplo, choveu sem parar na época da colheita, a tal ponto que alguns produtores decidiram não colocar vinhos dessa safra no mercado. No Brasil, contudo, o tempo ajudou, e a safra de 2002 foi excelente.

A VINDIMA NOS HEMISFÉRIOS NORTE E SUL

Depois de um longo ano de trabalho e, muitas vezes, de grandes preocupações, chega a época da colheita da uva, o momento mais esperado e emocionante, quando o agricultor avalia o fruto de suas fadigas e o valor do trabalho de um ano inteiro.

A época da vindima varia de acordo com o hemisfério e a região. No hemisfério Norte, a colheita é feita entre setembro e novembro. Nas regiões mediterrâneas, como o sul da França e o sul da Itália, que são mais quentes, muitas vezes se colhe na primeira semana de setembro. Na Alemanha, por causa do frio, chega-se a colher em novembro.

No hemisfério Sul, a vindima estende-se de janeiro a abril. No Brasil, por exemplo, a colheita das uvas brancas mais precoces, como a Chardonnay, e tintas, como a Pinot Noir, tem início em janeiro. Merlot e Cabernet Sauvignon começam a entrar no final de fevereiro e vão até meados de março. Na Argentina e no Chile, a colheita ocorre cerca de um mês depois em relação ao Brasil e, geralmente, perdura até o mês de abril.

O momento da colheita da uva

O enólogo, responsável pela elaboração do vinho, desempenha várias funções importantes em sua atividade. Uma das mais cruciais é saber o momento certo de colher a uva.

Nos últimos dias de amadurecimento da uva, seu suco sofre um aumento progressivo dos açúcares e uma diminuição dos ácidos. A ocasião favorável à colheita vai depender das condições climáticas e do tipo de vinho que se deseja elaborar. Em qualquer situação, é fundamental que as uvas sejam colhidas no momento exato de maturação; que sejam transportadas em caixas plásticas de até 20kg, para evitar o esmagamento; e que o tempo de transporte seja breve.

As uvas para vinhos brancos não devem ser colhidas quando estão excessivamente maduras, para que possam assegurar à bebida boa acidez, o que resultará em frescor e vivacidade. As uvas tintas precisam ser colhidas com o maior grau de maturação possível, para que o vinho apresente teores alcoólicos adequados, cor perfeita e boa estrutura. Essas características vêm principalmente da casca da uva – daí a necessidade de um amadurecimento perfeito.

Amadurecimento e teor alcoólico

Talvez a etapa mais gratificante da produção de vinhos seja o momento da colheita. É a ocasião em que a qualidade do vinho começa realmente a se delinear. Mas qual é o melhor momento para vindimar? E como é possível saber se a uva está no ponto para ser colhida?

Existem instrumentos, como o mostímetro, que medem de maneira rápida e precisa o teor de açúcar da uva. Quando se aproxima o momento da maturação, o produtor colhe amostras de uva em várias partes do vinhedo e calcula a quantidade média de açúcar, que vai aumentando a cada dia. No momento em que o teor de açúcar estaciona, é hora de colher.

A data da colheita varia de acordo com o tipo de vinho que se quer produzir. Para se obter um vinho mais alcoólico, é preciso deixar a uva acumular o máximo de açúcar. Quando se deseja um vinho mais fresco – um branco ou, em especial, um espumante –, é melhor colher mais cedo, quando a uva ainda apresenta acidez elevada.

IRRIGAÇÃO ARTIFICIAL E PRODUÇÃO

Uma das novas áreas de produção de vinhos no Brasil é o semiárido nordestino, na divisa entre Pernambuco e Bahia. Plantar nessa região só é possível por meio de uma técnica bastante utilizada em várias partes do mundo: a irrigação artificial.

No caso do Brasil, a água é trazida do rio São Francisco através de tubulações de ferro ou de PVC. Como a videira não precisa (nem gosta) de muita água, pode-se controlar o fornecimento e, assim, suprir as necessidades vitais da planta.

Na região de Petrolina, Santa Maria da Boa Vista, Lagoa Grande e Casa Nova, obtêm-se outras frutas de muita qualidade pelo mesmo sistema de irrigação artificial. A manga, por exemplo, é excelente e muito exportada.

Em Mendoza, na Argentina, usa-se o mesmo sistema, com água proveniente do degelo das neves da cordilheira dos Andes.

FALANDO DE *Vinhos*   A ARTE DE ESCOLHER UM BOM VINHO

Capítulo 4
Castas no mundo

Uvas clássicas

Quando um vinho espanhol é apresentado numa degustação e se pergunta ao público de que uva ele foi produzido, a resposta é uma só: Tempranillo. É natural que isso aconteça, pois certas castas são muito representativas de seus países. A Tempranillo é uma delas. É tão difundida na Espanha que chega a ser conhecida por 16 nomes diferentes, dependendo da região.

O mesmo ocorre na Itália com a Sangiovese. Apesar de o país dispor de outras grandes uvas – como a Nebbiolo, que dá o Barolo e o Barbaresco –, sua variedade-símbolo é a Sangiovese, uva base do Chianti e do Brunello di Montalcino. Não é à toa que está presente do norte ao sul da península.

Embora mais difícil, também é possível mapear a França: Cabernet Sauvignon, Cabernet Franc e Merlot são as castas de Bordeaux; Pinot Noir e a branca Chardonnay, da Borgonha; e a Syrah, do Vale do Rhône.

Cabernet Sauvignon

Entre todas as variedades tintas, certamente a mais popular e mais difundida no mundo é a Cabernet Sauvignon, cuja origem, como já foi dito, é a região francesa de Bordeaux.

Duas características são marcantes na Cabernet: primeiro, sua ótima capacidade de adaptação a vários tipos de clima. Repare que existem bons vinhos de Cabernet não só na França mas também em países como Itália, Portugal, Chile, Brasil e Austrália, e ainda em regiões como a Califórnia.

A segunda é a capacidade apropriada de guarda de seu vinho. A Cabernet tem uma pele grossa, com muita pigmentação e forte presença de taninos. Todos esses itens somados conferem ao vinho uma boa estrutura, propiciando seu amadurecimento em barricas de madeira e, em geral, uma vida longa.

Merlot

Fala-se muito da Cabernet Sauvignon e, realmente, essa é uma grande variedade tinta, presente em vinhos de qualidade de todos os países produtores. Curiosamente, o Petrus, um vinho mítico, considerado um dos melhores do mundo, é feito com 95% de outra casta também de Bordeaux: a Merlot.

Isso prova que um vinho de Merlot, dependendo da origem, pode ser tão longevo quanto um Cabernet. Em Bordeaux, usa-se muito o corte das duas variedades: o Cabernet dando a estrutura e o Merlot contribuindo com a maciez, equilibrando certa "agressividade" do primeiro.

Hoje se produzem grandes quantidades de Merlot varietal 100% — usando apenas essa qualidade de uva. São vinhos de tonalidade escura, com intensos aromas de frutas vermelhas, especiarias e uma nota vegetal. Às vezes, com um toque terroso, certa rusticidade e, ao mesmo tempo, maciez.

O Chile tem um Merlot de muito boa qualidade. No nordeste da Itália, também se produz muito Merlot, especialmente no Veneto e no Friuli. No Brasil, essa variedade vem ganhando cada vez mais admiradores, especialmente por causa da maciez e de uma aparente doçura, que torna seu vinho muito fácil de beber.

A feminina Pinot Noir

A Pinot Noir é reconhecidamente de cultivo difícil e delicado. Costuma-se dizer que essa uva raramente produz grandes vinhos fora de sua nativa Borgonha e de Champagne, onde também é plantada. E, mesmo assim, quando o clima ajuda. Por causa desses caprichos, acabou originando uma frase muito interessante: "A Pinot Noir é uma mistificadora. Se não é exatamente mulher, sem dúvida é feminina e leva ao desespero o agricultor, o enólogo e o enófilo. Sabe se mostrar cruel, deixando antever seus encantos, que recusará a todos, exceto aos mais perseverantes."

Se tivesse sido dita por um homem, ele decerto seria acusado de machismo. Mas quem escreveu isso foi uma mulher, a inglesa Jancis Robinson, no ótimo livro sobre variedades de uva de todo o mundo, *Vines, grapes and wines: the wine drinker's guide to grape varieties*[1] (Vinhas, uvas e vinhos: o guia do consumidor de vinhos sobre variedades de uva).

Syrah

Além da Cabernet Sauvignon, há outra variedade francesa que está hoje disseminada por boa parte do mundo, originando vinhos de alta qualidade. É a Syrah, uma grande uva do Vale do Rhône, responsável por vinhos de ótima estrutura, como o Hermitage e o Côte Rôtie, que em geral evoluem bem com o tempo. Aromas de frutas vermelhas, ameixa, *cassis*, traços de violeta e uma nota marcante de especiarias são características muito apreciadas na Syrah.

Na Austrália, essa uva é chamada de Shiraz, recordando sua provável origem persa. Seja como varietal 100% ou em corte com a Cabernet Sauvignon, é o orgulho do mercado local. Na Itália, a qualidade vem se expandindo muito, chegando, inclusive, à Sicília. Ademais, na Argentina, no período de 1995 a 2000, sua produção aumentou 750% em superfície plantada.

Malbec e Tannat

Duas castas originárias do sudoeste da França vêm dando bons vinhos na América do Sul: Malbec e Tannat. A Malbec, principal variedade da região de Cahors, também está presente em Bordeaux e encontrou condições excelentes na Argentina, onde produz vinhos frutados, muito macios e de bom corpo. Vinhos que, ainda jovens, estão prontos para o consumo.

A Tannat é uma variedade mais rústica, que dá vinhos escuros, carregados de cor. Na França, é plantada principalmente no Madiran. No nosso continente, essa uva chegou ao Uruguai no século XIX pelas mãos de imigrantes italianos. O vinho de Tannat é muito adequado para acompanhar pratos fortes, como o *cassoulet* francês ou a feijoada brasileira.

Carmenère

Até meados da década de 1990, a uva Carmenère era totalmente desconhecida no Chile. De lá para cá, praticamente todas as empresas chilenas passaram a produzir vinho com essa variedade.

A história se explica: em 1850, o Chile importou milhares de mudas de variedades viníferas de Bordeaux. Como era costume na época, os carregamentos eram misturados, contendo Cabernet Sauvignon, Merlot e também Carmenère. Os chilenos não sabiam que entre as mudas estava a Carmenère, e aquele vinho foi declarado Merlot durante anos. A confusão só terminou em 1994, quando um especialista francês desfez o mal-entendido, reconhecendo essa variedade. A partir de então, a Carmenère ganhou vida própria, até chegar ao sucesso de hoje.

Os vinhos de Carmenère são muito concentrados, de cor intensa, bastante tânicos (muito adstringentes) e geralmente de baixa acidez. Quando jovens, apresentam uma nota vegetal característica e amadurecem rapidamente.

Uvas típicas de Portugal

As uvas de origem francesa são, sem dúvida, as mais difundidas em todo o mundo. Quase todas as regiões produtoras elaboram bons vinhos de Chardonnay, Cabernet Sauvignon e Merlot. Por isso, é reconfortante saber que existem países fazendo excelentes vinhos com castas nativas.

É o caso de Portugal, que dispõe de um grande plantel de variedades autóctones. No Douro, por exemplo, são soberanas a Touriga Nacional, Touriga Franca, Tinta Barroca e Tinto Cão, castas presentes no vinho do Porto e em vinhos de mesa, entre eles o legendário Barca Velha. Dentre as brancas da região, destacam-se Viosinho, Codega, Rabigato e Gouveio.

Na região do Alentejo, ao sul, a Trincadeira e a Periquita, ou Castelão, estão entre as melhores uvas. Na Bairrada, a tinta mais importante é a Baga, matéria-prima de vinhos potentes e longevos. Os brancos e espumantes da região são feitos com Bical, Maria Gomes e Rabo de Ovelha.

Tempranillo

Considerada a mais fina das variedades de uvas espanholas, a Tempranillo é cultivada por todo o país, embora seja conhecida por nomes diferentes, dependendo da região. É chamada de Tempranillo na Rioja, onde provavelmente nasceu; de Tinto Fino ou Tinta del País, em Ribera del Duero; em La Mancha e Valdepeñas, é Cencibel; na Catalunha, Ull de Llebre; na área de Toledo, Tinta Madrid. Sem falar de Portugal, onde é conhecida como Tinta Roriz, no Douro, e Aragonês, no Alentejo. Está presente em dois clássicos portugueses: o Barca Velha e o Pêra-Manca. Nos tintos da Espanha, a Tempranillo é a uva responsável pelos aromas, taninos e corpo do vinho. Sua acidez, porém, é baixa.

O nome dessa variedade vem de *temprano*, que significa "cedo" em espanhol, pois sua maturação é precoce. A Tempranillo está presente também na América do Sul, e seu cultivo vem aumentando na Argentina.

Chardonnay

A variedade Chardonnay nasceu na região francesa da Borgonha, mas hoje está presente em todo o mundo, em

vinhos de grande qualidade. É a casta branca mais difundida, porque é vigorosa e tem uma capacidade de adaptação muito boa, embora prefira as regiões mais frias.

Atualmente, existem dois estilos de vinho à base de Chardonnay: os mais frutados e os barricados. Os frutados são os vinhos que não passam em madeira, conservando, portanto, as notas de fruta: maçã, abacaxi, cítricos. Os barricados apresentam aroma mais complexo e uma nota amanteigada característica. Naturalmente, de acordo com a região e o clima, outros aromas particulares podem surgir. De qualquer forma, são estilos diferentes: o Chardonnay frutado é mais alegre, mais vivo; o barricado, mais austero.

Riesling

Alguns consideram a Riesling Renano a rainha das uvas brancas. Seja como for, trata-se de uma das variedades mais nobres do mundo e dá origem a um vinho branco de alta qualidade. Na Alsácia, os vinhos dessa variedade em geral são secos, de bom teor alcoólico, ótima acidez e uma nota mineral característica, conhecida como *goût de pétrole*, pela qual se identifica de imediato o vinho dessa uva. Os melhores exemplares são vinhos que admitem uma boa guarda.

Mas a Riesling alsaciana também produz excelentes vinhos doces: ou de colheita tardia, *vendange tardive*, ou o chamado SGN, *sélection des grains nobles*. Este último feito com uvas acometidas pela podridão nobre, que ficam ressecadas no pé – o mesmo fenômeno que se dá com o Sauternes, como será visto mais adiante.

Sauvignon Blanc

Atualmente, a Sauvignon Blanc está disseminada por todo o mundo. Entretanto, é indiscutível que os clássicos dessa variedade são os vinhos produzidos em seu país de origem, a França, especialmente no Vale do Loire. São o Sancerre e o Pouilly-Fumé, cada um proveniente de um lado do rio. É lá que a Sauvignon Blanc exprime suas melhores características, originando vinhos muito aromáticos, com traços de frutas cítricas no nariz e uma nota mineral característica, que os franceses denominam *pierre à fusil* (pederneira), além do aroma chamado *pipi de chat*.

A Sauvignon Blanc também está presente nos brancos de Bordeaux, onde, ao lado da Sémillon, é responsável por vinhos secos e pelos grandes vinhos doces de Sauternes e Barsac.

Nos anos 1990, essa uva começou a chamar a atenção também na Nova Zelândia, com vinhos de grande frescor e uma estrutura alcoólica surpreendente. Naquele país, a característica aromática marcante da Sauvignon são as frutas tropicais, sobretudo o maracujá. Vale lembrar que Sauvignon Blanc e queijo de cabra fresco formam um par mais do que perfeito.

Gewürztraminer

Supõe-se que a Gewürztraminer seja originária do norte da Itália, pois na região do Alto Adige existe uma cidade chamada Tramin, onde se cultiva uma variedade conhecida como Traminer Aromatico. Esta, por sinal, é a grande característica da Gewürztraminer: aromas muito intensos, lembrando rosas, lavanda, lichia e, querem alguns, especiarias como o gengibre e a canela — a palavra *gewürz*, em alemão, significa exatamente "especiaria".

Na Alsácia, a Gewürztraminer é considerada a casta mais nobre, ao lado da Riesling. Na maioria das vezes, produz vinhos secos, porém, nos anos favoráveis, dá grandes vinhos doces de colheita tardia ou os SGN.

Os vinhos de Gewürztraminer são alguns dos mais escuros entre os brancos, por causa da forte pigmentação dessa casta. Acompanham muito bem o chucrute, o queijo Munster (típico da região) e são uma pedida certa para as culinárias japonesa e tailandesa e para pratos exóticos em geral.

---

1. ROBINSON, Jancis. *Vines, grapes and wines: the wine drinker's guide to grape varieties.* Londres: Mitchell Beazley, 1986.

FALANDO DE *Vinhos*   A ARTE DE ESCOLHER UM BOM VINHO

Capítulo 5
Vinificação

Cinco regras básicas para produzir um bom vinho

Se existisse um manual que relacionasse as regras para se produzir um bom vinho, quais seriam as recomendações básicas em relação à produção?

Primeiro, é preciso possuir um vinhedo bem-localizado, com perfeita exposição ao sol, bem-drenado, com a correta e equilibrada composição de nutrientes necessários à fruta. Essas condições, além de um impecável manejo do vinhedo, naturalmente propiciarão uma uva de qualidade.

Hoje, equipamentos apropriados também são essenciais: prensas, tanques de aço para fermentação sob temperatura controlada, filtros de boa capacidade etc.

Um enólogo competente e bem-informado é quem vai administrar todas essas condições. Já não é mais possível fazer vinho empiricamente: o profissional tem de dominar todas as etapas da produção.

Por fim, é preciso muito amor à atividade. Poeticamente, pode-se dizer, como Louis Orizet, que, para se fazer um bom vinho é preciso "um louco para cultivar a vinha, um sábio para regulamentá-la, um poeta para fazer o vinho, um amante para bebê-lo".

A fermentação alcoólica

Como foi explicado, costuma-se definir a fermentação alcoólica como a transformação química dos açúcares do mosto em álcool e gás carbônico, por ação das leveduras. Além disso, a fermentação produz uma série de outras substâncias presentes no vinho, detectadas em exames de laboratório e, muitas vezes, também pela degustação.

Alguns ácidos, como o tartárico e o cítrico, estão presentes na uva. O segundo é muito útil para impedir que o

vinho fique turvo. Outros nascem durante a fermentação, entre eles o ácido lático, que confere maciez à bebida. A glicerina, outra substância responsável pela maciez, também é produto da fermentação. Ainda o próprio álcool responde, em parte, pela maciez.

São valiosas as substâncias aromáticas, de várias naturezas, que surgem durante o processo fermentativo: aromas de frutas, flores, notas vegetais e de especiarias, muitas vezes percebidos na degustação do vinho. Quando dizemos que um vinho tem aroma de framboesa ou cereja é porque, durante a fermentação, formaram-se substâncias químicas também presentes nessas frutas.

As leveduras

As leveduras, responsáveis pela fermentação alcoólica, são micro-organismos unicelulares com um centésimo de milímetro de dimensão. Conhecidas pelo nome científico *Saccharomyces*, podem ser de vários tipos: *ellipsoideus*, *cerevisiae* e até uma curiosamente chamada de *Saccharomyces baianus*.

Atuando sobre o mosto, ou seja, o produto do esmagamento da uva, as leveduras transformam os açúcares ali contidos em álcool, gás carbônico e em centenas de outras substâncias, especialmente aromáticas, presentes no vinho em pequeníssimas quantidades. Para realizar a fermentação, esses micro-organismos precisam de uma temperatura entre 10°C e 30°C.

Quanto à origem, as leveduras podem ser de dois tipos: as selvagens, ou nativas, encontradas naturalmente sobre a casca da uva; e as produzidas em laboratório, mais utilizadas modernamente, que permitem um maior controle do processo fermentativo. Estas últimas, ao serem acrescentadas ao mosto, matam as leveduras nativas e dominam completamente o ambiente.

De onde vem a cor dos vinhos?

Pegue uma uva branca e outra tinta, corte ao meio e observe: internamente, as duas têm a mesma cor branca ou esverdeada. Sendo assim, de onde vem a cor característica de um vinho tinto?

Da parte externa, ou seja, da casca. É por isso que existem diferentes técnicas de vinificação. De modo geral, no caso dos vinhos brancos, as cascas são descartadas depois da prensagem da uva. Assim, a fermentação se dá sem elas, daí a cor clara do vinho. Na elaboração dos tintos, ao contrário, a presença da casca é essencial, pois ela contém os pigmentos corantes, que vão fornecer a cor do vinho tinto. Nesse caso, pratica-se a maceração, que é o contato da parte líquida com as cascas.

No vinho *rosé*, a maceração é breve, apenas o suficiente para extrair uma ligeira cor rosada da casca. Se, no tinto, a casca permanece durante oito, dez dias, no *rosé* ela fica apenas algumas horas em maceração. O resultado é uma cor delicada.

Todavia, existem exceções nesse processo. Algumas variedades de uva, além da cor escura da casca, apresentam a polpa escura. São as chamadas tintureiras, cuja representante mais conhecida é a Alicante Bouschet.

Vinificação em tinto

Na elaboração de um vinho tinto, a extração da cor é realizada por meio de dois recursos. O primeiro é o contato mais ou menos prolongado da casca com a parte líquida, pois é na casca que estão os pigmentos corantes. O segundo é a temperatura de fermentação. Para extrair a cor da casca, a temperatura tem de se manter em torno dos 28°C. Se a temperatura for muito baixa, as leveduras nem entram em atividade; se for alta demais, formam-se substâncias prejudiciais ao vinho.

O gás carbônico gerado durante a fermentação desloca as cascas para cima, originando o que se chama de "chapéu". De tempos em tempos, é preciso afundar esse chapéu e misturar as cascas, a fim de uniformizar a cor do vinho e eliminar o excesso de gás. Essa operação denomina-se remontagem.

Vinificação em branco

Você já observou que os vinhos produzidos em pequenas cantinas ou para consumo apenas doméstico são sempre tintos? Isso acontece porque a elaboração do vinho branco requer tecnologia e equipamentos que só as empresas de médio ou grande porte detêm, como os recipientes de aço inox nos quais se pode realizar a fermentação sob temperatura controlada, em torno dos 17°C ou 18°C, preservando assim a delicadeza dos aromas.

Além disso, na elaboração do vinho branco, as uvas são esmagadas suavemente por prensas modernas, pneumáticas, para não quebrar as sementes nem extrair substâncias indesejáveis. E, ao contrário do que ocorre com a fermentação do vinho tinto, a do branco, em geral, é feita sem as cascas.

VINHOS DOCES: OS VÁRIOS SISTEMAS DE ELABORAÇÃO

O vinho doce, ou vinho de sobremesa, como também é chamado, é aquele que contém uma grande quantidade de açúcar residual, que não fermentou e permaneceu no vinho. Existem várias maneiras de elaborar esse tipo de bebida.

Uma delas é interrompendo a fermentação enquanto existem açúcares que ainda não fermentaram. Parte do açúcar natural da uva se transforma em álcool, outra parte fica no vinho.

A segunda maneira é utilizando uvas de colheita tardia. Deixa-se a uva no pé por mais tempo que o habitual e, assim, ela concentra maiores quantidades de açúcar. Na região francesa da Alsácia, usa-se muito esse sistema.

Como mencionamos, também existe o vinho feito com uvas acometidas pela podridão nobre, entre os quais o Sauternes, o mais famoso de todos os vinhos desse tipo.

A chaptalização

Em qualquer país, adicionar açúcar ao vinho é fraude. Entretanto, acrescentar açúcar ao mosto, em alguns casos, é permitido. Essa prática chama-se chaptalização e consiste em adicionar açúcar – geralmente o refinado, de cana – ao mosto, ou seja, antes de a fermentação ter início. A chaptalização é usada nos anos em que, por causa das chuvas, a uva não concentra açúcar natural suficiente para proporcionar ao vinho um teor alcoólico razoável.

A chaptalização é permitida no Brasil, em Bordeaux, na Borgonha e na Alemanha para algumas categorias de vinho. Todavia, existe um limite legal. No Brasil, por exemplo, a lei só autoriza obter até 2° de álcool por meio do açúcar adicionado.

Vinho barricado

Fala-se muito em vinho barricado. Trata-se do vinho que foi submetido a um estágio em barrica de madeira. O tempo de permanência da bebida nesse tipo de recipiente depende de vários fatores: a qualidade do vinho que o enólogo tem em mãos; a idade da barrica, que pode ser mais nova ou mais antiga; e, ainda, a proposta do produtor de colocar no mercado um vinho de guarda ou um vinho pronto para o consumo. Se for um vinho para se beber logo, não deve passar muito tempo em madeira.

Quanto ao tipo de madeira, a mais usada e que proporciona aromas mais elegantes ao vinho é o carvalho, seja francês,

seja norte-americano, esloveno, português. Um detalhe, porém, é certo: deve haver sempre um equilíbrio entre a madeira e a característica frutada do vinho.

Influência da madeira sobre o vinho

O vinho que passa em barrica e adquire o aroma de madeira é de melhor qualidade que outro que não teve contato com a madeira? Essa é uma dúvida bastante comum, que poderia ser respondida com outra pergunta: um frango com molho de ervas é melhor que um frango grelhado? É claro que não, é só uma questão de gosto. Mas, certamente, são diferentes.

A passagem em barrica confere ao vinho certa austeridade, um peso maior, por assim dizer. Por sua vez, no vinho que não passou por madeira sobressaem os aromas frutados e a maior sensação de frescor.

Cabe lembrar que nem todo vinho pode estagiar em barrica. Isso vai depender do tipo de uva e da qualidade da safra daquele ano. Essa avaliação deve ser feita pelo enólogo. Com seu conhecimento e sua sensibilidade, ele é a pessoa indicada para dizer se o vinho tem condições de passar em madeira e por quanto tempo. A madeira deve funcionar como um tempero, realçando as características do vinho sem encobri-las.

Chips, staves & cia.: a madeira vai ao vinho

Em geral, é o vinho que vai até a madeira. Dependendo do produto, depois de pronto, ele passa por um estágio em barrica. Hoje, porém, essa é uma via de mão dupla, pois em certos procedimentos é a madeira que vai até o vinho.

Tudo começou nos países do Novo Mundo, em especial na Austrália. Como a barrica de carvalho é muito cara e leva algum tempo para transmitir seus aromas ao vinho, há produtores que colocam a madeira dentro dos recipientes de aço inoxidável, seja em forma de *chips* (que são lascas ou raspas de carvalho), *staves* (ripas), seja em dominós, como são chamadas as pequenas peças retangulares. Tudo para tornar o processo mais barato e ganhar tempo.

Não cabe discutir se a prática é boa ou ruim. Mas uma coisa é certa: em nenhum grande vinho do mercado se usa esse tipo de expediente, o que não deixa de ser sugestivo.

Vinho varietal x vinho de corte

O chamado vinho varietal é aquele feito com uma só variedade de uva ou, pelo menos, com grande predominância de uma variedade. Nesse caso, muitas vezes o nome da uva aparece no rótulo – especialmente em vinhos do Novo Mundo.

O vinho de corte, ao contrário, é aquele elaborado com duas, três ou até mais variedades. A intenção do enólogo, nesse caso, é levar para o produto final as melhores características de cada casta. Os vinhos de Bordeaux, por exemplo, são todos assim.

Não é raro ouvir alguém dizer que "vinho bom é o vinho de uma só casta". Na realidade, não existe diferença de qualidade entre um e outro – nesse aspecto, é relevante a competência do produtor.

Conservantes

O consumidor às vezes se espanta ao ler, no contrarrótulo de um vinho nacional, a indicação de uso de algum conservante. Chega a pensar que esse tipo de substância pode fazer mal à saúde. Na verdade, todo vinho utiliza algum tipo de conservante, ou conservador, como também é chamado. São aditivos autorizados para aplicação em alimentos e bebidas, dentro de limites estabelecidos pela legislação do país e expressos normalmente em parte por milhão (ppm) ou miligrama por litro (mpl).

Vários são os conservadores permitidos em bebidas. No caso do vinho, o mais usado é o dióxido de enxofre, quimicamente conhecido como SO_2. Essa substância atua sobretudo contra bactérias contaminantes do vinho e evita reações de escurecimento, muito graves no caso dos vinhos brancos. Pode produzir efeitos alérgicos em certas pessoas, especialmente asmáticos, mas em número muito restrito. No Brasil, a presença do SO_2 é expressa por meio do código internacional: INS-220 (sigla de International Numbering System).

Técnicas de vinificação

A qualidade da uva certamente continua sendo essencial na produção de um bom vinho. No entanto, hoje existem muitos equipamentos e técnicas de vinificação que ajudam bastante no trabalho do enólogo. A sangria, por exemplo, é usada exclusivamente na elaboração de vinhos tintos. Logo após o desengaço e o esmagamento da uva, separa-se das cascas certa porcentagem do suco da uva ainda branco. Com o aumento da proporção de cascas em relação à parte líquida, ocorre maior concentração de cor, o vinho torna-se mais robusto e com mais capacidade de envelhecimento.

Essa é uma técnica usada em vários países onde o clima é muito chuvoso, o que torna a uva meio aguada. Cabe lembrar que a sangria não interfere na composição final do vinho, ao contrário, só faz melhorá-lo.

Há cerca de dez anos, um processo já em curso na Europa ganhou força, especialmente depois da doença da vaca louca: a produção do vinho biológico.

Muitos colonos passaram a adotar, em parte, uma agricultura biológica. Por isso, surgiram vinhos originários de uvas cultivadas segundo normas que proíbem o uso de herbicidas, produtos fitossanitários de origem química e adubos sintéticos. Tal característica pode até ser mencionada em rótulos de vinhos franceses.

Na própria elaboração do vinho, procurou-se reduzir ao mínimo a utilização do anidrido sulfuroso. Entretanto, o enxofre ainda não pode ser abolido totalmente, pois essa medida aumentaria o risco de contaminação da bebida por bactérias acéticas e seu consequente avinagramento.

Uma definição clássica e muito simples de vinho diz: "O vinho é a bebida feita exclusivamente pela fermentação do sumo de uvas frescas." Todavia, uma técnica, conhecida na Itália como *appassimento*, é empregada para elaborar vinhos com uvas ressecadas, quase passificadas, e não frescas.

Nesse processo, a uva é colhida quando está madura e posta para secar fora do pé, sobre esteiras ou em caixas de plástico. Cerca de três meses depois, a fruta perde em torno de 40% de seu volume em água, concentrando grande quantidade de açúcares. Só então é produzido o vinho.

Na Itália, existem vários vinhos elaborados com essa técnica. Na região de Verona, o mais famoso é o Amarone della Valpolicella; na região central, o Vin Santo toscano; no sul, entre outros, o Passito di Pantelleria. Em geral, são vinhos de muita categoria.

FALANDO DE *Vinhos* A ARTE DE ESCOLHER UM BOM VINHO

Capítulo 6
Tipos de vinho

Classificação dos vinhos na União Europeia

Somente agora o conceito de região demarcada, existente na Europa há muitos anos, começa a ser delineado no Novo Mundo. Refere-se a uma determinada região geográfica, com características específicas, perfeitamente delimitada e sujeita a normas relativas ao plantio da uva e à produção de vinhos.

Cada um dos 15 países da União Europeia (UE) tem suas próprias regiões e regras particulares. Entretanto, uma classificação dos vinhos em categorias vale para todos eles. Ela é expressa em francês – língua oficial da UE. Os vinhos mais simples são os *vins de table*, que admitem corte de vinhos de regiões diferentes – e até de países diferentes – desde que pertençam à União Europeia. Mais acima estão os *vins de pays*, que só podem vir de áreas específicas indicadas no rótulo.

A categoria superior é dividida em dois níveis: Vin Delimité de Qualité Supérieure (VDQS) e Vin de Qualité Produit dans une Région Determinée (VQPRD). Essa categoria, naturalmente, está sujeita às regras de controle mais rígidas.

Verão, tempo de vinhos brancos

É incrível como no Brasil se bebe tão pouco vinho branco. Especialmente no verão, um vinho branco cai muito bem. É refrescante, acompanha bem pratos leves e pode ser saboreado até sem acompanhamento, como os espumantes.

Numa lista de vinhos brancos leves e refrescantes, além dos espumantes de todas as origens, podem figurar todos os vinhos brasileiros. Da França, entre outros, destacam-se o Chablis e o Pouilly-Fuissé, da Borgonha; os brancos do Vale do Loire (Pouilly-Fumé e Sancerre, elaborados com a uva Sauvignon Blanc; Vouvray, de Chenin Blanc; o Muscadet,

ótimo para acompanhar ostras), além dos brancos de Bordeaux. De Portugal, os vinhos verdes brancos.

A Itália dispõe de vários representantes, a começar pelo popular Frascati. O Orvieto também é muito refrescante, assim como o Verdicchio e o Soave. E quase todos os brancos do nordeste do país: Tocai Friulano, Pinot Bianco e Pinot Grigio.

Por fim, incluem-se nessa lista os Sauvignon Blanc da Nova Zelândia, com ótima acidez e uma simpática nota de frutas tropicais.

O vinho verde

O vinho verde é o grande representante do Minho, ao norte de Portugal, e dificilmente encontra similar em outros países. Dizem que esse nome se deve à bela vegetação verde da região, mas a explicação é outra. Na verdade, a maturação das uvas na região do Minho é muito peculiar. Mesmo maduras, elas produzem um vinho pouco alcoólico e com alta acidez – portanto, com certo verdor. Além disso, é um vinho que, em geral, não amadurece; logo, não deve ser guardado, e sim bebido jovem.

Outra característica singular do vinho verde é que ele mantém um pouco do gás carbônico resultante da fermentação. Daí aquela "sensação de agulha" que provoca na língua. Embora hoje nem todos sejam assim, as marcas mais tradicionais ainda elaboram seu produto desse modo. De qualquer forma, é um vinho muito refrescante, ótimo como aperitivo ou acompanhando peixes grelhados, camarões e mariscos – certamente o branco. Em Portugal, usa-se muito o verde tinto acompanhando bacalhau.

O vinho rosé

Muita gente se pergunta por que o Brasil, com um clima quase sempre quente, consome tão pouco vinho *rosé*. Na realidade, não existe uma grande produção de *rosés* no mundo. A oferta desse tipo de vinho está restrita a determinadas regiões. Na França, os mais conhecidos são os da Provença, da área entre Marselha e Saint-Tropez. Boa parte é originária do Vale do Loire, especialmente de Anjou, a noroeste do país. Em Avignon, do outro lado dos vinhedos do Châteauneuf-du-Pape, são elaborados os *rosés* de Tavel e de Lirac, considerados de boa qualidade.

Na Itália, a maior região produtora de vinhos *rosés* é Puglia, ao sul do país. Dali se originam, entre outros, o Castel del Monte e o Salice Salentino, de grande popularidade local.

Portugal também tem alguns *rosés* muito difundidos pelo mundo, especialmente de Setúbal, a sudeste de Lisboa.

Barolo e Barbaresco, os grandes do Piemonte

Esses dois grandes vinhos são vizinhos próximos, originam-se da mesma uva, mas apresentam diferenças marcantes.

Ambos são tintos do Piemonte, região no noroeste da Itália, e elaborados com a mesma variedade, Nebbiolo – 100%. Contudo, os vinhedos do Barbaresco ficam entre 200m e 300m de altitude, ao passo que, na área do Barolo, eles se situam a 350m e 400m. Desse modo, como as uvas do Barolo são colhidas mais tarde, seu teor alcoólico em geral é mais alto: segundo a lei, mínimo de 13° contra 12,5° do Barbaresco.

Ainda de acordo com a legislação, o Barbaresco pode ser comercializado com dois anos de envelhecimento, enquanto o Barolo só com três anos. Embora ambos sejam realmente grandes vinhos, o Barolo é mais austero, complexo e, de modo geral, tem um potencial de guarda maior.

Beaujolais Nouveau

O escritor Léon Daudet afirmou certa vez: "Lyon é banhada por três rios: o Saône, o Rhône e um rio que nunca fica turvo e

jamais seca: o Beaujolais." A cada ano, na terceira quinta-feira de novembro, esse rio derrama suas águas rubras por todo o mundo, provocando elogios e críticas igualmente apaixonados.

O Beaujolais Nouveau é um vinho produzido com a uva Gamay, por meio de um processo de vinificação especial chamado maceração carbônica. Esse método faz dele um vinho de baixa acidez, com pouco tanino, de cor púrpura e com fortes aromas frutados – entre eles, o de banana, muito comentado. Trata-se de um vinho ligeiro e fácil de beber.

É preciso lembrar que o Nouveau, embora muito festejado por seus apreciadores, é apenas um dos membros da família Beaujolais. Existem outros, como o Beaujolais Villages e os *crus* de Beaujolais.

A PODRIDÃO NOBRE E
SEUS VINHOS MAIS IMPORTANTES

Produzido ao sul da região de Bordeaux, o Sauternes é considerado o grande vinho doce do mundo. No entanto, é elaborado com uvas acometidas por um tipo de doença conhecida como podridão nobre, ou *pourriture noble*, como se diz na França.

Sob determinadas condições climáticas – manhãs de outono brumosas, frias e úmidas, tardes com céu aberto, muito quentes e secas –, as uvas deixadas no pé além do tempo normal são atacadas por um fungo, que perfura sua casca, provocando a saída da água. Elas perdem também acidez e concentram grande quantidade de açúcar. É com esse tipo de uva, com a aparência de podre, que se faz o Sauternes. O Tokaji húngaro, os Trockenbeerenauslese alemães e alguns outros vinhos também são elaborados assim.

A podridão nobre é um fenômeno absolutamente natural, que só ocorre de tempos em tempos, em áreas específicas. Os vinhos doces desse tipo acompanham maravilhosamente *foie gras* e queijos *roquefort*.

Vinhos fortificados

Vinhos fortificados, enriquecidos, ou vinhos generosos, como dizem os portugueses, são aqueles aos quais é acrescida aguardente vínica durante o processo de fermentação. O álcool vínico é um destilado de vinho recém-elaborado, absolutamente incolor. Nos vinhos secos, ele entra no final da fermentação quando todos os açúcares já se esgotaram. Nos vinhos doces, é colocado durante a fermentação, interrompendo assim esse processo. Em qualquer situação, a bebida adquire um alto teor alcoólico, entre 19° e 20°.

O Porto é o vinho fortificado mais conhecido e divulgado no mundo. Também pertencem a essa categoria o Madeira português, o Marsala italiano, o Xerez espanhol e os chamados *vins doux naturels* (vinhos doces naturais) do sul da França.

Os diversos tipos de vinho do Porto

O Porto, como foi dito, é um vinho fortificado. O vinho do Porto tinto é sempre doce. O branco, porém, pode ser seco ou doce, dependendo do momento em que se adiciona a aguardente. Quanto aos estilos, os mais jovens e frescos são os do tipo Ruby e Tawny, que passam no máximo três anos em barrica e, em seguida, são engarrafados, estando prontos para o consumo.

Os chamados Vintage são vinhos de uma só colheita, considerada excepcional. Ficam apenas dois anos em madeira e adquirem equilíbrio e complexidade na garrafa. São vinhos que podem durar décadas. Os especialistas aconselham a nunca abrir um Vintage com menos de 15 anos.

Madeira, o vinho de torna-viagem

O vinho produzido na Ilha da Madeira já desfrutou de grande prestígio mundial e disputou com o Porto a primazia do mercado internacional – no século XVIII, era o mais consumido nos Estados Unidos. Já foi chamado de "vinho de volta", "vinho da roda" ou "vinho de torna-viagem", expressões nascidas de uma história curiosa.

O vinho da Madeira era embarcado em caravelas e mandado para o Oriente. Quando não era todo vendido, uma parte retornava para Funchal, a capital da ilha. Notava-se, então, que o vinho que voltava era melhor do que o comercializado. Explica-se: a viagem por climas quentes proporcionava à bebida um envelhecimento delicado. A partir daí, esse vinho passou a ser produzido pelo sistema de estufagem, no qual a temperatura é elevada a cerca de 50°C.

O Madeira é sempre generoso, ou seja, fortificado. Pode ser de quatro tipos, de acordo com a variedade de uva: Sercial (sempre seco), Verdelho (seco ou meio seco), Bual (meio doce) e Malvasia ou Malmsey (doce). Existe ainda um vinho doce muito raro, feito com a uva Terrantez, quase extinta na ilha.

Marsala

A Itália dispõe de um grande clássico da família dos vinhos fortificados: o Marsala.

Marsala é uma cidade do Mediterrâneo, a oeste da ilha da Sicília, cujo nome vem da união de duas palavras árabes, Marsah e Allah, que significam "porto de Deus". A região era dominada pelos sarracenos quando Giuseppe Garibaldi ali desembarcou em 1860, iniciando sua campanha de unificação da Itália.

O vinho Marsala, como o consumimos hoje, foi criado pelo inglês John Woodhouse. Em 1773, ele conheceu um vinho seco e de sabor oxidado, lembrando o Xerez espanhol. E, então, teve a ideia de fortificá-lo com aguardente para que aguentasse a viagem até Liverpool, na Inglaterra. Dizem que, na virada do século, abasteceu a armada do Almirante Nelson com esse novo vinho.

Existem vários tipos de Marsala: o Fine, quase sempre adoçado; o Superiore, seco ou doce, de grande longevidade; e o Vergine, ou Soleras, o de maior prestígio. Quando seco, o Marsala é um grande aperitivo. Costuma ser muito utilizado na cozinha em qualquer versão.

Corvina: uma uva e quatro vinhos

No norte da Itália, na área da província de Verona, uma variedade autóctone chamada Corvina produz, graças a diferentes técnicas de vinificação, quatro tipos de vinho, sendo o mais conhecido o Valpolicella. Em sua elaboração, a uva é colhida na época normal, quando está perfeitamente madura, e a vinificação se processa como a de qualquer outro vinho tinto. A maioria dos produtores, contudo, separa uma parte dessa colheita, põe os cachos para secar por um período de dois a três meses e, com essa uva semi-passificada, faz um grande vinho tinto chamado Amarone della Valpolicella.

O Amarone é um vinho seco, de alta graduação alcoólica, cujo açúcar acumulado chegou à fermentação máxima. Entretanto, quando a fermentação dessa uva ressecada é interrompida, o resultado é um vinho doce, o Recioto della Valpolicella. E, quando se passa o Valpolicella, já pronto, pela barrica na qual ficaram as cascas do Amarone, tem-se o chamado Valpolicella *di ripasso*. Trata-se de um vinho muito interessante, com características do próprio Valpolicella e também do Amarone.

Vinhos especiais:
Eiswein, Vin Jaune e Retzina

Certos vinhos são muito mais conhecidos por sua aparição na literatura especializada que por sua degustação. Alguns são exóticos, produzidos em pequena quantidade. Um desses é o alemão Eiswein, literalmente, "vinho do gelo". É um branco muito doce, produzido com uvas colhidas tardiamente – em dezembro ou até janeiro – a uma temperatura de -8°C a -10°C. Quando as uvas são prensadas, o gelo que encobre sua casca fica retido na prensa.

Outro vinho curioso é o Vin Jaune, vinho amarelo, da região francesa do Jura. Também de vindima tardia, depois de pronto é colocado em barricas de madeira hermeticamente fechadas, nas quais permanece de seis a dez anos. Os camponeses costumam dizer que ele fica "meditando". Durante esses anos de repouso, cria-se sobre a superfície do vinho uma película formada por micro-organismos que absorvem o oxigênio, protegendo o produto da oxidação. O mais conhecido dos Vins Jaunes é o Château Chalon.

Também muito comentado, mas pouco consumido fora de seu país de origem (a Grécia), é o vinho Retzina, que recebe esse nome porque se acrescenta a ele cerca de 12% de resina de pinho. É uma tradição da Antiguidade, quando as ânforas que continham o vinho eram impermeabilizadas com esse produto.

Classificação dos vinhos quanto ao corpo

Às vezes, no final de uma receita, aparece a recomendação: este prato deve ser acompanhado de um tinto de médio corpo. A escolha pode não ser tão simples, afinal, o que é um tinto leve ou um branco de bom corpo?

Não é possível ser definitivo ou exato nessa matéria, mas pode-se tentar ajudar. No caso dos brancos, têm mais corpo aqueles que passam algum tempo em barrica – em geral, são da uva Chardonnay. Os chilenos e os californianos, por exemplo, fazem bastante esse estilo. Os brancos brasileiros são sempre ligeiros. Aliás, os tintos também: normalmente, são leves ou de médio corpo.

Alguns exemplos de tintos leves: Bardolino, Valpolicella, Beaujolais e Lambrusco.

Tintos de médio corpo: Chianti, Côtes-du-Rhône, espanhóis da Rioja, Merlot chileno, Malbec argentino e a maioria dos Bordeaux.

Tintos encorpados: Châteauneuf-du-Pape, Barolo, Amarone, espanhóis do Priorato, muitos Cabernet Sauvignon do Chile e da Califórnia. Estes, quase sempre, são vinhos que passam em madeira.

FALANDO DE *Vinhos* A ARTE DE ESCOLHER UM BOM VINHO

Capítulo 7
Espumantes

Champanhe e espumante

Não é correto usar a expressão champanhe para se referir a qualquer tipo de espumante. Champanhe é o espumante produzido exclusivamente na região demarcada de Champagne, a cerca de 150km a nordeste de Paris. Os demais produtos do gênero, ainda que elaborados pelo mesmo método, devem ser chamados genericamente de espumantes.

Alguns países usam nomes específicos para seus espumantes: a Espanha tem o Cava; a Alemanha, o Sket. Na França, os vinhos espumantes produzidos fora de Champagne – no Vale do Loire, na Alsácia ou na Borgonha – são chamados de *vins mousseux*.

O frisante – como o Lambrusco – é o espumante com uma pressão interna menor que a da maioria dos espumantes: cerca de três atmosferas em lugar das cinco habituais.

Elaboração do espumante

Algumas pessoas se referem ao espumante ou ao champanhe como se não fosse um vinho, mas sim outro tipo de produto. O espumante é vinho também, só que tem uma característica muito particular: é submetido a duas fermentações.

Para obter o espumante, é preciso elaborar, primeiro, um chamado vinho base, um branco seco, ao qual serão acrescentados açúcar e leveduras. Assim, ele fermenta novamente, formando grande quantidade de gás carbônico. Quando isso acontece, está nascendo o espumante.

A segunda fermentação pode ocorrer em dois tipos de recipiente: na própria garrafa ou num vasilhame grande, a autoclave, de aço inoxidável ou fibra de vidro.

Método clássico x método Charmat

O espumante – seja o champanhe, seja o produto de qualquer outro país –, como foi mencionado, é um vinho que sofre

dupla fermentação, o que produz a grande quantidade de gás carbônico característica desse tipo de vinho. Quando a segunda fermentação se dá na própria garrafa, o processo é chamado de método *champenoise*, *méthode traditionelle* ou *metodo classico*.

Existe um segundo processo de elaboração do espumante que pode ser usado em qualquer parte do mundo, exceto na região de Champagne. É o método Charmat, desenvolvido por Eugene Charmat em 1910, em que a segunda fermentação ocorre num grande recipiente (autoclave) e, só depois, o espumante é transferido para a garrafa. O Prosecco, em geral, é feito assim. No Brasil, usam-se os dois processos.

CRÉMANT, CAVA E PROSECCO

Embora o champanhe seja o espumante mais famoso, há outros produtos desse tipo muito interessantes. Na própria França, há o Crémant; na Espanha, o Cava; e na Itália, o Prosecco.

O Crémant é um espumante elaborado pelo método clássico de segunda fermentação na garrafa e está presente em várias regiões francesas: Alsácia, Vale do Loire, Jura, Borgonha e Bordeaux. Pode ser muito bom, dependendo, é claro, do produtor. O Cava é o espumante espanhol originário da Catalunha, onde estão as maiores empresas produtoras. Também é feito pelo método tradicional, o mesmo que se usa em Champagne.

E o Prosecco, que tanto sucesso tem feito no Brasil, é um espumante da região de Conegliano/Valdobbiadene, no Veneto, norte da Itália. Prosecco é o nome da uva branca que dá origem ao produto. A segunda fermentação, nesse caso, é feita na autoclave pelo método Charmat.

Cava, o espumante espanhol

Não custa lembrar: champanhe é uma coisa, espumante é outra. E não vai aqui nenhum juízo de qualidade, é apenas uma questão de respeito: só pode ser chamado de champanhe o vinho produzido na região francesa de mesmo nome. Os espanhóis, por exemplo, fazem um bom produto desse gênero, mas o chamam de Cava, como já se mencionou.

O Cava nasceu na Catalunha, região onde fica Barcelona, mas, segundo a lei, pode ser produzido em dezenas de municípios espanhóis. É feito sempre pelo método clássico (*champenoise*) — o mesmo que se usa em Champagne, em que a segunda fermentação ocorre na garrafa. As classificações quanto ao teor de açúcar também são as mesmas do champanhe: vão desde o *extra-brut*, passando pelo tipo *brut* até o *demi-sec*.

A diferença está nas uvas. No Cava, as variedades clássicas são três brancas tipicamente catalãs: Macabeo, Xarel-lo e Parellada. A Chardonnay hoje também é aceita. As tintas são principalmente a Garnacha e a Monastrell. O Cava, portanto, é um produto que busca sua própria identidade, sem pretender imitar o champanhe — isso, aliás, seria impossível. As maiores empresas produtoras desse vinho são a Codorníu e a Freixenet, ambas presentes no mercado brasileiro.

FALANDO DE *Vinhos* A ARTE DE ESCOLHER UM BOM VINHO

Capítulo 8
Transporte, armazenamento e guarda

Cuidados com transporte, armazenamento e guarda do vinho

Hoje, com toda a tecnologia disponível, é muito pouco provável que um vinho saia de seu local de produção, a cantina, com algum tipo de problema. No entanto, quando começa a ser transportado, todo cuidado é pouco. O ideal é que ele viaje em ambiente climatizado, seja num contêiner, seja num caminhão.

O armazenamento também merece consideração, pois o vinho não suporta calor excessivo e pode responder de maneira negativa a esses maus-tratos, apresentando aromas de cozimento e até oxidando totalmente. Isso acontece em particular com os brancos, por serem mais delicados.

Da mesma forma, o local de guarda, no restaurante, pode fazer diferença. É preciso evitar, a todo custo, ambientes quentes. E atenção para outro detalhe: jamais guarde o vinho junto com outros produtos, principalmente os que têm cheiro forte, como detergente, desinfetante e sabonete.

O vinho bem-conservado adquire personalidade, amadurece dignamente e "cresce" no momento da degustação. Quais seriam, então, as condições ideais de guarda?

Uma adega ideal deveria obedecer aos seguintes critérios:
- exposição sul em relação ao Sol;
- temperatura constante de 14°C;
- umidade relativa do ar em torno de 65%;
- posição distante de barulho e trepidações; e
- pouca luminosidade e boa ventilação natural.

Naturalmente, nem todos podem ter uma adega com esses requisitos. O mais prático é adquirir uma adega climatizada, regulada na temperatura ideal, com controle de umidade e que não trepide.

Se isso não for possível, a solução é encontrar o lugar mais fresco da casa, sem incidência de luz direta e longe de trepidações, procurando manter as garrafas sempre deitadas. Nesse caso, o melhor é comprar de acordo com as necessidades, evitando fazer grandes estoques.

Conservando o vinho depois de aberto

Quem costuma beber apenas uma ou duas taças de vinho por refeição precisa conservar o vinho depois de aberta a garrafa. Nesse caso, a primeira e melhor alternativa seria comprar uma garrafa de 375ml ou até de 1/4. Se não for possível, a solução é utilizar um equipamento chamado *vac-u-vin*, que permite retirar o oxigênio que se instala na parte vazia da garrafa. Essa peça pode ser encontrada com facilidade em lojas especializadas.

De qualquer modo, não é conveniente guardar o vinho por muito tempo, sobretudo os brancos, que são mais delicados. Para estes, dois dias é um limite bastante razoável. Os tintos se conservam mais um pouco, até quatro ou cinco dias, sempre mantidos na geladeira. No caso dos tintos, será necessário retirá-los do refrigerador cerca de meia hora antes de beber.

Contudo, o melhor mesmo é reunir os amigos, as pessoas queridas e consumir a garrafa inteira.

A CAPACIDADE DE ENVELHECIMENTO DOS VINHOS

"Vinho: quanto mais velho, melhor." Você já deve ter escutado essa frase pelo menos uma vez na vida. Mas, cuidado, pois muita gente tem perdido boas garrafas por acreditar cegamente nessa história.

Cabe esclarecer, desde já, que apenas uma parte mínima dos vinhos produzidos atualmente, em qualquer parte do mundo, tem condições de envelhecer bem, ou seja, de ganhar em qualidade com o passar do tempo. Cada vez mais, a indústria vinícola coloca no mercado vinhos prontos para o consumo, que podem até se manter bem por uns poucos anos. Mas com riscos, claro. A não ser que se trate notoriamente de um grande vinho.

Os brancos, de modo geral, são vinhos de vida curta. Melhor consumi-los jovens, quando ainda apresentam frescor, aromas frutados ou florais. Os tintos, por sua vez, precisam ter um bom teor alcoólico para que se possa deixá-los envelhecer. Uma tonalidade carregada geralmente indica vinhos de boa guarda.

A uva também é importante. Cabernet Sauvignon, Syrah, Nebbiolo são algumas variedades que dão vinhos de boa estrutura e capacidade de guarda. Como o mundo hoje tem muita pressa – e o mundo do vinho não é exceção –, na dúvida abra a garrafa e aproveite!

FALANDO DE *Vinhos*   A ARTE DE ESCOLHER UM BOM VINHO

Capítulo 9
O serviço de vinhos

Enófilo, enólogo e sommelier

Geralmente, faz-se muita confusão com estes três personagens: o enófilo, o enólogo e o sommelier. O primeiro, como o nome sugere, é o amante do vinho, aquele que aprecia a bebida em todos os seus aspectos. O enólogo é o técnico, aquele que elabora o vinho utilizando conhecimentos científicos. Seu local de trabalho é a cantina. O sommelier é o profissional do serviço de vinhos, que opera em restaurantes ou estabelecimentos comerciais. Ele é o responsável pela compra e pela guarda do vinho, pela elaboração da carta e, principalmente, pelo aconselhamento do cliente em relação ao melhor vinho para acompanhar esse ou aquele prato.

Uma boa maneira de guardar a diferença entre os dois primeiros é lembrar-se da máxima do jornalista paranaense Luiz Groff: "Enólogo é quem, diante do vinho, toma decisões; enófilo é aquele que, diante das decisões, toma vinho."

Origens do sommelier

Os portugueses o chamam de escanção. Na França e em quase todo o mundo, ele é conhecido como sommelier. Mas o fato é que a profissão do encarregado do serviço de vinhos é antiquíssima e sempre foi exercida por pessoas de origem nobre.

A atividade do sommelier já existia entre os assírios e babilônios, bem como nas primeiras dinastias faraônicas. Na civilização grega, era conhecido como *arconte* ou *simposiarca* e atuava nos simpósios, com a função de escolher as jarras, as taças e misturar a justa quantidade de água ao vinho.

Na Roma Imperial, lá estava ele nos banquetes, com o nome *rex bibendi*. Em 1700, aparece citado nos editos do Duque de Savoia com a denominação *somegliere di bocca e di corte*. Em suas atribuições, usava um anel com as iniciais ducais para lacrar os barris de vinho sob seus cuidados. Foram os franceses

que cunharam o termo sommelier quando codificaram todas as profissões ligadas à enogastronomia.

O tastevin, *símbolo do sommelier*

O profissional do serviço de vinhos, às vezes, traz pendurado no pescoço uma peça de prata chamada *tastevin*, símbolo do sommelier, e que serve para provar o vinho.

O *tastevin* mais utilizado é o do tipo *bourguignon*, cuja forma é a mesma desde o século XVIII. Geralmente fabricado com prata 800%, é uma espécie de taça com cerca de 2cm de profundidade e 8cm de diâmetro, provida de uma pequena alça. No centro, há uma grande bolha, chamada bolha de nível, que nunca deve ser coberta pelo vinho, a fim de que seja possível captar o brilho e as nuanças de cor da bebida.

Em volta da bolha de nível, há 14 pequenas pérolas em relevo que permitem ao vinho oxigenar-se, fazendo os aromas se desprenderem. Na parte externa, encontra-se, de um lado, uma série de nervuras, que funcionam para a observação da cor dos vinhos brancos. Na outra metade, situam-se oito pequenas depressões em forma de círculo: aqui se movimenta o vinho tinto para apreciar sua cor.

Temperaturas de serviço

Degustar um vinho tinto em temperatura ambiente, dependendo do local e da época do ano, pode ser um grande sacrifício. No verão do Rio de Janeiro, por exemplo, mesmo num ambiente refrigerado, a temperatura desse vinho poderia chegar facilmente aos 26°C ou 28°C. Quais seriam, então, as temperaturas ideais de serviço? Espumantes *brut*: entre 6°C e 8°C; espumantes *demi-sec*: 7°C a 8°C; brancos suaves e doces: 8°C a 9°C; brancos secos: 10°C a 12°C; rosados: 12°C a 14°C; tintos ligeiros: 14°C a 16°C; tintos de médio corpo: 16°C a 18°C; tintos encorpados: 18°C a 20°C.

Usar um balde com água e gelo para atingir essas temperaturas é perfeitamente aceitável. Só é preciso tomar cuidado para não deixar a temperatura baixar demais.

Métodos para resfriar o vinho

Houve uma época em que pedir para refrescar um vinho tinto, num restaurante, era considerado quase uma heresia. Mas os tempos mudaram — felizmente para melhor — e hoje já se aceita que um vinho tinto, num dia quente, fica indiscutivelmente melhor quando resfriado. Mas qual é a maneira mais adequada de chegar à temperatura ideal?

No caso do vinho tinto, o recomendado é que ele saia de uma adega climatizada, cuja temperatura média é 16°C. Com a manipulação, a abertura da garrafa e o serviço, a temperatura aumenta cerca de dois graus. Portanto, na hora do consumo, atingirá quase 18°C, uma ótima temperatura para a maioria dos tintos.

Para os brancos e espumantes, além da temperatura da adega, o auxílio do balde com gelo e água é essencial. O espumante, em especial, precisa ser previamente guardado na adega ou na geladeira, do contrário, demora bastante para chegar à temperatura ideal. Para se ter uma ideia, um espumante a 23°C, colocado num balde com gelo e água, leva cerca de vinte minutos para alcançar a temperatura de 5°C (na geladeira, seriam necessárias quatro horas para que atingisse a mesma temperatura). Por isso, vale a pena deixar as garrafas na geladeira na véspera e, pouco antes do serviço, usar o balde. Assim, os convidados não vão precisar esperar tanto.

O SERVIÇO DE VINHOS NUM RESTAURANTE

Há várias maneiras de saber se o sommelier está executando bem o serviço de vinhos no restaurante. Por exemplo, ao se dirigir ao cliente, o profissional precisa ter, ao mesmo tempo, desenvoltura e uma atitude respeitosa. Sem jamais

tentar impor sua vontade, deve procurar conhecer o gosto do cliente e as preferências da mesa quanto ao tipo de vinho.

Quando solicitado a sugerir um vinho, nunca deve escolher um que seja muito caro. A sugestão tem de ser sempre uma garrafa de preço médio, acessível.

Já a harmonização entre vinho e comida é a grande arte do sommelier. Escolher o vinho certo para cada prato é tarefa que exige sensibilidade, conhecimento e experiência.

A importância do copo

Os copos são fundamentais no serviço dos vinhos. E não se trata apenas do aspecto estético, mas de aproveitar e valorizar ao máximo as características do produto.

Veja o exemplo do espumante e do champanhe: o copo correto para servi-los é a chamada *flûte*, que, por sua forma alongada e boca estreita, permite o perfeito desprendimento das bolhinhas de gás carbônico e a manutenção de seus delicados aromas.

Vinhos brancos precisam de copos de forma ovalada, com a boca mais fechada que o bojo, a fim de reter os aromas do vinho. Para os tintos, o ideal são copos maiores, nos quais o vinho possa evoluir e desprender melhor seus aromas.

Em qualquer caso, o copo deve ser incolor, liso e com uma haste que permita segurá-lo sem que se toque no próprio copo, esquentando o líquido ou deixando manchas de gordura.

A carta de vinhos

A carta de vinhos, assim como o cardápio, é uma espécie de cartão de visitas do restaurante. Portanto, além de uma apresentação impecável, deve ser clara e tecnicamente bem-montada para que o cliente possa escolher o vinho com base nas informações disponibilizadas.

A ordem de distribuição dos vinhos por países, num restaurante brasileiro, deve ser sempre a seguinte: primeiro, os vinhos nacionais; depois, os outros vinhos do continente – no nosso caso, argentinos, chilenos e uruguaios. Em terceiro lugar, apresentam-se os vinhos correspondentes à especialidade gastronômica da casa – se o restaurante é de cozinha italiana, vinhos italianos; francesa, vinhos franceses. E, por fim, relacionam-se os demais países.

Quanto ao tipo de vinho, a ordem da carta segue as mesmas etapas que o cliente percorre quando faz uma refeição completa. Primeiro, vinhos aperitivos (espumantes tipo *brut*, Porto seco, Xerez seco); depois, os brancos; em seguida, os *rosés*; mais adiante, os vinhos tintos; e, finalmente, da mesma maneira como ocorre com a comida, os vinhos de sobremesa. Aqui, entram os champanhes e espumantes *demi-sec*, o Porto tinto e os vinhos doces em geral.

Mesmo quem não é profissional de restaurante pode avaliar se uma carta é bem-feita, se respeita o vinho e o cliente. Além, obviamente, do nome do vinho, a carta deve conter algumas informações essenciais, como a safra. Nem todas as safras são iguais, por isso é obrigatório que ela seja declarada. O nome da variedade de uva também deve aparecer, sempre que esse dado estiver disponível no rótulo. O nome completo do produtor é outro detalhe importante, muitas vezes determinante entre um bom vinho e um produto medíocre. O país produtor do vinho e a capacidade da garrafa completam a lista.

Merece observação um fato que se repete no Brasil com certa frequência: a carta de vinhos que promete, mas não cumpre, isto é, o vinho só existe na carta, porém está sempre em falta na adega. Tal procedimento é imperdoável. Quando o restaurante, por qualquer motivo, não consegue repor um vinho, deve informar isso ao cliente: ou assinalando ao lado do nome da bebida (o que, convenhamos, não é lá muito elegante), ou simplesmente retirando o vinho da carta.

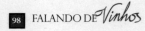

A decantação

Existe um procedimento no serviço de vinhos nem sempre bem-compreendido pelo cliente do restaurante: quando o sommelier abre a garrafa e, com o auxílio de uma fonte luminosa – geralmente uma vela –, passa o vinho para uma espécie de jarra. Essa operação chama-se decantação.

A decantação é feita geralmente em vinhos tintos. E tintos de guarda: aqueles que, pela idade, podem apresentar depósito ou borra. Quando se passa esse vinho para a jarra de decantação, a intenção é justamente separar a parte límpida da bebida daquela que contém a borra. O sommelier serve o vinho da jarra, e a parte com borra fica na garrafa.

Podem-se igualmente decantar vinhos jovens que não foram filtrados por opção do produtor. Nesse caso, o rótulo ou o contrarrótulo costumam fornecer essa informação.

Como já foi dito, quando se fala em decantação, normalmente é de vinhos tintos. Entretanto, os brancos também podem ser decantados, sobretudo aqueles chamados de botritizados, ou seja, elaborados com uvas acometidas pela podridão nobre, ou *Botrytis cinerea*. Entre eles, os mais conhecidos são o Tokaji húngaro e o Sauternes francês. Como são vinhos produzidos com uvas ressecadas e que chegam a durar algumas décadas, eles tendem a formar depósito com o passar do tempo. Nesse caso, precisam ser decantados.

FALANDO DE *Vinhos* A ARTE DE ESCOLHER UM BOM VINHO

Capítulo 10
Harmonização entre vinhos e comidas

Regras básicas de harmonização

Embora a combinação entre vinhos e comidas dependa bastante do gosto de cada um, pequenas normas possibilitam bom aproveitamento tanto dos pratos quanto dos vinhos servidos.

O velho ditado "Vinho branco com carne branca, vinho tinto com carne vermelha", basicamente, continua valendo. Entretanto, no caso de peixes e massas, a cor e a força do molho é que vão determinar a escolha do vinho.

Alguns tipos de peixe exigem definitivamente um vinho tinto: a sardinha e o bacalhau, por exemplo. São peixes gordurosos, de sabor muito marcante, por isso precisam de um vinho à altura. Alguns casamentos clássicos são: ostras com Chablis ou com espumante seco; cordeiro com um vinho de Cabernet Sauvignon; *foie gras* e queijo *roquefort* com o vinho doce de Sauternes.

Vinhos e pratos locais

No Piemonte, os meses de outubro e novembro marcam a temporada da trufa branca, que agita o mundo gastronômico. O vinho ideal para a trufa é um grande clássico, o Barolo, produzido naquela mesma região de Alba, onde se encontra essa iguaria. Isso só confirma a premissa de que, geralmente, são os vinhos locais que melhor acompanham os pratos típicos.

O mesmo ocorre com o Crottin de Chavignol, um queijo de cabra produzido no Vale do Loire, que combina perfeitamente com o vinho branco Sancerre, também dali. Por extensão, o queijo de cabra fresco fica bem com todos os vinhos da uva Sauvignon Blanc.

Embora o chocolate seja um ingrediente difícil, existem alguns vinhos para ele: o Banyuls e o Maury, ambos do sul da França, são os mais indicados. Um Porto tinto não fica

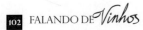

nada mal: os portugueses usam muito com sobremesas à base de chocolate. O Xerez doce também não destoa.

Vinhos e pratos exóticos

É sabido que pratos apimentados, temperados com vinagre ou outros condimentos muito fortes raramente combinam com vinhos. Apesar disso, a comida oriental – em geral associada ao saquê e à cerveja – admite muito bem certos vinhos.

O *sushi* (fatias de peixe cru ou frutos do mar sobre bolinhos de arroz) e o espumante, por exemplo, formam uma ótima dupla, desde que o prato não seja temperado com muito *wasabi* (raiz-forte). O *sashimi* (fatias de peixe cru) também se entende bem com espumantes e alguns vinhos secos e frutados.

Com o *tempura* – camarão ou legumes empanados e fritos –, vinhos brancos frutados da uva Sauvignon Blanc, um Soave italiano ou até o Muscadet francês ficam bem. Carne cozida com vegetais – o conhecido *sukiyaki* – combina mais com um tinto ligeiro. O mesmo vale para o *champignon* preparado no papel-alumínio, muito usado na culinária japonesa.

Em pratos exóticos e um pouco mais condimentados, um vinho branco da uva Gewürztraminer funciona como um verdadeiro curinga.

Queijos e vinhos

Queijos e vinhos: foram feitos um para o outro? Decerto, dependendo do critério de harmonização.

Queijos de massa mole, do tipo ricota ou um queijo de cabra jovem, vão bem com um vinho branco seco e aromático.

Queijos de massa semidura, entre eles o *camembert*, o *brie* e o *emmental*, ficam muito bem com brancos um pouco mais estruturados ou com tintos leves.

E aqueles de massa mais dura, como o *provolone*, ou até picantes, como um *roquefort* ou um gorgonzola, preferem tintos de bom corpo. Para os queijos *Bleu*, em especial – o próprio *roquefort*, o *Bresse Bleu* e o *Bleu d'Auvergne*, entre outros –, vinhos doces como o Sauternes ou o vinho do Porto são perfeitos.

O parmesão é um caso à parte, um verdadeiro curinga: combina com qualquer tipo de vinho.

O vinho na ceia de Natal

Uma boa ceia de Natal certamente inclui vinhos. Os pratos típicos dessa época oferecem boas possibilidades de harmonização com o vinho. O panetone fica muito bom com um espumante italiano Asti, servido bem fresquinho. E também com o similar brasileiro, o Moscatel espumante. A rabanada pode ser servida com um vinho do Porto, um Moscatel de Setúbal ou com o mesmo Asti. Frutas secas, como tâmaras, passas, nozes e figo, admitem os mesmos vinhos doces.

O *tender* fica bem com um tinto leve, assim como as castanhas cozidas. Já o peru recheado à Califórnia, servido com abacaxi e pêssego em calda, pede um branco frutado.

O clássico bacalhau – cozido, ao forno ou em forma de bolinhos – exige um tinto leve, com pouco tanino. Se for português, melhor ainda. Mas pode ser brasileiro, italiano, argentino ou qualquer outro com essas características.

Harmonização com champanhe

Símbolo da alegria, do prazer e da sofisticação, o champanhe provoca discussões quando se trata de harmonizá-lo com a comida. Entretanto, existem alguns casamentos bastante recomendáveis. O caviar, por exemplo, é um companheiro ideal do champanhe. O *foie gras*, do mesmo modo, e especialmente quente: o gás carbônico valoriza e dá nervo, vida, ao *foie*. Com ostras, é um clássico. E com peixes – um linguado apenas grelhado – o champanhe geralmente fica muito bem.

Vários autores, entre eles um grande sommelier francês, Philippe Bourguignon, e o cronista gastronômico do *Le Figaro*, Michel Piot, acham perfeito um champanhe jovem com salsichão, seja branco, seja vermelho. É provar para confirmar... ou não.

Casamentos que não dão certo

Quase sempre é possível encontrar um vinho para acompanhar determinado prato. Todavia, na enogastronomia, como na vida cotidiana, há certos casamentos que nem sempre dão certo. É o caso das frutas cítricas – limão, laranja, tangerina – e das saladas temperadas com vinagre, que, por causa da alta acidez, não devem ser consumidas com vinho. Portanto, é melhor beber água e só tomar o vinho com o prato seguinte.

Alcachofra também é difícil, nesse caso por causa do ligeiro amargor. Sorvete também não é recomendado porque, ao deixar a língua "adormecida", dificulta a apreciação das características do vinho.

FALANDO DE *Vinhos*   A ARTE DE ESCOLHER UM BOM VINHO

Capítulo 11
Degustação

Condições ideais para a degustação

Degustar de manhã ou à tarde? Com o estômago vazio ou depois do almoço? Comendo pão ou apenas bebendo água? Enfim, quais são as condições ideais para uma degustação de vinhos?

Primeiro, merece consideração o local, que precisa ser bem-iluminado, se possível pela própria luz do dia. Lâmpadas de néon e incandescentes podem alterar bastante a cor dos vinhos: o branco vai parecer mais amarelo; e o tinto, mais apagado, puxado para o marrom. O lugar não deve ter cheiro de espécie alguma. É essencial que seja silencioso, arejado e que tenha uma temperatura em torno de 20°C.

O melhor momento para degustar é cerca de uma hora antes das refeições, de preferência de manhã, pois os sentidos estão mais aguçados. O degustador deve estar descansado, em boas condições físicas e psicológicas. Antes da degustação, deve-se evitar o uso de perfumes, dentifrícios ou sabonetes perfumados. Naturalmente, o fumo também é prejudicial. Entre um vinho e outro, é interessante limpar a boca bebendo água ou comendo uma bolacha de água ou um pedaço de pão francês. Nada de queijos ou outro produto.

As pistas do exame visual

Das três análises realizadas durante a degustação de um vinho – visual, olfativa e gustativa –, certamente a primeira é a mais negligenciada. No entanto, um exame visual atento pode fornecer diversas pistas a respeito do vinho. Basta olhar com atenção e, depois, confirmar no nariz e na boca.

Pode-se saber, por exemplo, a idade aproximada do vinho ou a fase de evolução em que se encontra. A cor púrpura nos

tintos revela vinhos jovens, tonalidades amareladas sugerem um vinho mais velho. Atenção para a cor dos brancos. Vinho amarelo-âmbar, das duas uma: ou se trata de um vinho especial (Marsala, Moscatel de Setúbal, um Sauternes envelhecido), ou está oxidado.

Em relação aos vinhos brancos, aqueles que apresentam tonalidades esverdeadas, cores vivas e muito brilho em geral têm acidez alta. A acidez é percebida na boca, mas pela cor da bebida já é possível prevê-la. Quanto aos tintos, os vinhos muito carregados de cor certamente são encorpados. Tudo isso é possível saber por meio de uma boa análise visual. O nariz e a boca confirmarão essas primeiras impressões.

A presença de resíduos no vinho

Talvez você já tenha passado por uma situação assim: ao olhar uma garrafa de vinho contra a luz ou ao servir a bebida na taça, percebe que há algum tipo de resíduo ou depósito colado na garrafa ou misturado ao líquido. Isso, em geral, não quer dizer que o vinho esteja estragado.

Há dois tipos de depósito. O primeiro é próprio de vinhos envelhecidos ou que não foram filtrados na origem. Pode ocorrer em tintos com certa idade ou no vinho do Porto. A solução é simples: basta decantar a bebida, ou seja, transferi-la cuidadosamente para uma jarra adequada, deixando a borra na garrafa.

O outro tipo de resíduo que pode surgir é o cremor tártaro. Todo vinho contém um sal mineral denominado bitartarato de potássio, que pode precipitar em forma de cristais muito pequeninos quando a garrafa é resfriada. Essas partículas ficam grudadas na garrafa ou mesmo depositadas no fundo da taça. Esse é um fenômeno natural, que não altera o sabor do vinho nem oferece nenhum risco à saúde.

Exame olfativo: dificuldades

Uma das maiores dificuldades de qualquer iniciante na arte da degustação é perceber os aromas de um vinho. Muitas vezes, a pessoa fica desanimada, pensando que nunca conseguirá identificá-los. Mas é uma questão de treinamento. É preciso exercitar o olfato, visto que não utilizamos muito essa capacidade.

Hoje, os apelos são audiovisuais. Ao longo do tempo, o cidadão urbano perdeu o contato com as flores, com os frutos, deixando assim de exercitar o olfato. Além disso, a poluição atmosférica prejudica a percepção dos aromas. E ainda há a questão da memória: muitas vezes sentimos um aroma conhecido num vinho, mas não conseguimos identificá-lo, porque a memória não ajuda.

Vale a pena desenvolver a capacidade olfativa ao prestar mais atenção nos aromas que estão no ar – de frutas, flores, especiarias, produtos de origem animal – porque eles podem surgir nesse ou naquele vinho. Fazendo esse tipo de exercício, provando o vinho com atenção e lendo um pouco sobre o assunto, você vai acabar chegando lá.

Origem dos aromas do vinho

Quando se diz que um vinho tem aroma de rosas ou lembra o cheiro da maçã, não significa absolutamente que foram colocadas rosas ou maçãs dentro dele. Os aromas de um vinho podem ter várias origens, mas não essa.

Primeiro, existem os aromas primários ou varietais, aqueles que a própria variedade de uva carrega para o vinho. Um bom exemplo é a uva Moscato ou Moscatel: o vinho feito de Moscato tem exatamente o aroma dessa fruta.

Os aromas secundários ou de fermentação são formados durante a fermentação alcoólica. São centenas de substâncias químicas, também presentes em outros produtos usados em nosso dia a dia, que surgem durante o processo de fermentação. Por exemplo, a isoamila é a substância que dá o cheiro característico da banana. Então, quando alguém percebe esse aroma num vinho, mesmo não sendo um químico e não conhecendo o nome da substância, imediatamente se lembra da banana.

Finalmente, há os aromas terciários, também chamados de aromas de envelhecimento, que caracterizam o buquê de um vinho. Nesse caso, estamos falando de vinhos com alguns anos de garrafa, que adquiriram aromas mais complexos – couro, vegetais úmidos, trufa – em ambiente sem oxigênio.

Aromas que a barrica transmite ao vinho

Uma das distinções mais relevantes no mundo do vinho é aquela feita entre os vinhos chamados frutados e os barricados, sendo estes últimos os que passam por um estágio em barrica de madeira. Cabe repetir que não há nada de errado com o vinho que não amadurece em barrica. Ele tem características mais frutadas, um frescor maior e, em geral, é mais fácil de ser bebido.

A madeira transmite ao vinho um tipo de aroma que os franceses chamam de *boisé*, que inclui, além da própria nota do carvalho, traços de especiarias como baunilha e cravo-da-índia, nuances de defumado, caramelo, tostado. Tais aromas derivam, por um lado, de substâncias naturalmente presentes na madeira – como a baunilha – e, por outro, do grau de tostadura da barrica – ligeiro, médio ou forte. É o enólogo, no momento de encomendar a barrica ao fabricante, quem vai indicar o grau de tostadura desejado. De qualquer modo, o vinho barricado apresenta uma complexidade aromática maior do que o vinho que não passa em madeira.

O EXAME GUSTATIVO

No exame gustativo de um vinho, conseguimos detectar quatro sabores básicos, dependendo da região da língua pela qual o vinho passa. Na ponta da língua, sentimos a eventual presença de doçura no vinho. Nas laterais, mais para a parte anterior da língua, percebemos a sensação de salgado – que não é muito comum, mas pode aparecer.

A acidez, que provoca salivação (água na boca), é sentida nas laterais, mais para trás. E, finalmente, se o vinho tiver algum amargor, vamos notá-lo na parte posterior da língua, lá atrás. Por isso é essencial "trabalhar" o vinho na boca, molhar toda a língua, a fim de detectar essas características.

Intensidade e persistência

No exercício da degustação, uma parte importante da análise do vinho é a que compreende a intensidade e a persistência. Podem-se avaliar essas duas características tanto no nariz quanto na boca.

A intensidade é a força da chegada do vinho, que os franceses chamam de *ataque*, uma expressão muito adequada. Um vinho pode ser muito intenso, intenso ou ligeiro. Geralmente, vinhos elaborados a partir de uvas aromáticas – Moscato, Gewürztraminer, Malvasia – são de boa intensidade. Na avaliação dessa sensação, a temperatura de serviço conta muito: qualquer vinho servido frio demais tem baixa intensidade.

Já a persistência é um conceito qualitativo muito importante, que resulta tanto da variedade da uva quanto do processo de elaboração. É o tempo de permanência maior ou menor de um vinho no nariz ou na boca. É preciso adquirir, com a prática, a noção do tempo em que a sensação permanece, antes de sumir por completo: para um vinho branco, entre seis e oito segundos já é uma boa persistência. Para tintos, é considerado persistente o vinho que "fica na boca" acima de dez segundos.

DEFEITOS DO VINHO

Existe atualmente bastante preocupação do produtor com a higiene da cantina e dos equipamentos utilizados na elaboração do vinho. Mesmo assim, é preciso ficar atento para alguns defeitos que a bebida possa apresentar. Um dos mais comuns é o chamado "cheiro de rolha": uma rolha contaminada passa mau cheiro ao vinho. Por isso, ao abrir uma garrafa, a primeira coisa a fazer é cheirar a rolha. Se ela estiver com odor de mofo, bolor, o vinho fatalmente estará prejudicado.

O defeito da oxidação pode ser identificado já na cor do vinho: os brancos ficam muito amarelos; os tintos, acastanhados e sem vida. No nariz, o vinho lembra mofo, madeira molhada. Nesse caso, também não há outra saída senão abrir uma nova garrafa.

Existem outros defeitos, quase sempre devidos à má conservação do vinho ou à precariedade das condições de transporte do produto. Por esse motivo, é fundamental provar o vinho antes de servi-lo, seja no restaurante, seja numa recepção em casa.

SUCESSÃO DOS VINHOS À MESA

Quando se prova mais de um vinho numa mesma refeição, qual é a sequência recomendada para essas bebidas?

Em geral, inicia-se a refeição com entradas diversas. Continua-se com sopas, massas, peixes ou carnes, para terminar com um doce, uma fruta ou até um prato de queijos. Devemos começar, portanto, com vinhos brancos, continuar com os *rosés* e os tintos e, possivelmente, terminar com vinhos doces ou licorosos. Assim, os vinhos secos vêm sempre antes dos doces.

Outra regra é servir inicialmente os vinhos mais ligeiros, depois os mais encorpados. Os vinhos jovens sempre vêm primeiro e os envelhecidos ficam para o prato principal. Assim como os mais simples, com certeza são servidos antes dos grandes vinhos. Essas são as regras básicas, que só aumentam o nosso prazer de beber um vinho.

FALANDO DE *Vinhos* A ARTE DE ESCOLHER UM BOM VINHO

Capítulo 12
Destilados e coquetéis

Conhaque e armanhaque

Duas bebidas de grande nobreza, também elaboradas com a uva, são o conhaque e o armanhaque – ambas produzidas por meio da destilação de vinhos brancos, feitos com as variedades Ugni Blanc ou St-Emilion (esta conhecida na Itália e no Brasil como Trebbiano) e Folle Blanche.

A destilação baseia-se no fenômeno da evaporação. Quando uma mistura líquida é fervida, desprendem-se dela, inicialmente, seus componentes mais voláteis, que são recolhidos e reconvertidos à forma líquida, mais concentrados e mais puros. Assim nascem os famosos destilados de conhaque e armanhaque.

A operação de destilação se dá no alambique, um equipamento feito de cobre. Apesar do consumo generalizado do vinho em toda a Antiguidade greco-romana, os primeiros documentos referentes à destilação têm origem nos centros de colonização árabe na Espanha muçulmana, no século VIII. É também de origem árabe a palavra álcool, o produto final da destilação em alambique.

A região de Cognac fica no oeste da França, logo acima de Bordeaux; o armanhaque é produzido a sudoeste. A diferença entre os dois é que o conhaque nasce de duas destilações sucessivas, enquanto o armanhaque resulta de uma única destilação lenta e contínua.

Ambos são envelhecidos em barricas de carvalho, geralmente de Limousin, e, ao contrário de certos vinhos, não melhoram com a permanência em garrafa. Tanto o conhaque como o armanhaque são ótimos digestivos, portanto, adequados para o final da refeição.

Bagaceira, grappa e marc

Assim como o conhaque e o armanhaque, a bagaceira portuguesa, a *grappa* italiana e o *marc* de Champagne são elaborados por meio da destilação. Esses três nomes designam um mesmo produto. O termo "bagaceira" vem de bagaço, ou casca da uva, que é aproveitado no preparo do destilado depois de extraído o suco de uva de primeira qualidade usado na produção do vinho. *Grappa* vem de *grappo* ou *grappolo*, que é o cacho da uva. E *marc* significa bagaço ou borra.

EAUX DE VIE: POIRE E FRAMBOISE

As chamadas *eaux de vie* — literalmente, "águas da vida" —, como a *poire* e a *framboise*, levam esse nome por terem sido usadas, inicialmente, para fins medicinais. Foram os alquimistas que, na Idade Média, criaram esse tipo de bebida.

Os álcoois brancos, como também são chamados, partem da fermentação destas frutas: pera, framboesa, cereja e ameixa. O líquido assim obtido é, em seguida, destilado num alambique. A primeira parte, chamada cabeça, é abandonada, por conter muito metanol; os 10% finais, conhecidos como cauda, também são descartados, pois são carregados de impurezas. Sobra a parte nobre, o coração, como se costuma dizer.

Embora sejam pouco consumidas no Brasil, *poire* e *framboise* são bebidas muito usadas na Europa, especialmente na França e na Alemanha. Seu aroma é intenso e de alto teor alcoólico, entre 60% e 70%. São servidas bem geladas, de preferência depois da refeição. Dizem que "cortam as gorduras" e, realmente, são um ótimo digestivo.

A ORIGEM DO KIR

Existem vários aperitivos consagrados, entre eles o champanhe *brut*, o Porto branco seco e o Dry Martini, preferido de muita gente famosa, incluindo o agente James Bond. Mas há um aperitivo que é quase oficial na Borgonha: o *kir*, preparado com vinho branco e creme de *cassis*.

Conta a história que esse drinque teria sido inventado por um líder da Resistência Francesa e prefeito de Dijon, chamado Canon Félix Kir. Ao provar um vinho branco da variedade Aligoté, achou-o muito ácido e procurou algo para misturar à bebida. Encontrou o creme de *cassis*, produto popular na região, e acabou criando o aperitivo que levaria seu nome.

Existe uma variante do original, o *kir royale*, que contém champanhe em lugar de vinho branco. No Brasil, chegou-se a inventar o chamado jabukir, que, em vez do creme de *cassis*, usava a nossa prosaica jabuticaba. Uma versão tropical, digamos assim, do famoso aperitivo francês.

FALANDO DE *Vinhos*   A ARTE DE ESCOLHER UM BOM VINHO

Capítulo 13
Personalidades do mundo do vinho

A Ferreirinha

Existe um vinho português cujo nome é Ferreirinha. Pois essa pessoa existiu mesmo. Trata-se de Dona Antonia Adelaide Ferreira, mulher de grande visão comercial e a maior proprietária de terras da região do Douro. Quando morreu, em 1896, só a sua quinta do Vale do Meão foi avaliada em três milhões de libras.

Dona Ferreirinha protagonizou uma história curiosa. Ela descia o rio Douro em companhia de uma amiga e do Barão de Forrester quando o barco — um rabelo, como é chamado — naufragou nas águas revoltas. O inglês foi direto para o fundo e desapareceu. Mas a Ferreirinha e sua amiga foram salvas, pois, dada a quantidade de saias e anáguas que usavam, ficaram boiando na superfície do rio.

Dona Antonia Adelaide Ferreira era a proprietária da empresa que hoje produz o Barca Velha, por muitos considerado o maior vinho de Portugal.

Hipócrates

Comentam-se muito os benefícios do vinho para a saúde, mas pouco se fala sobre um homem que, no século V a.C., já usava o vinho como alimento e para fins terapêuticos — o grego Hipócrates, que viveu até os 85 anos. Veja quanta sabedoria quando ele menciona o vinho e o mel "por serem maravilhosamente apropriados para o homem se, em saúde ou na moléstia, forem utilizados a propósito e na justa medida, segundo a constituição de cada um".

Hipócrates também aplicou o vinho em feridas externas e lesões abertas, sob a forma de curativos úmidos, depois de lavar os ferimentos com o mesmo vinho. Aliás, os legionários romanos tratavam suas feridas com essa bebida. Conta-se também que o cartaginês Aníbal, implacável adversário de Roma, teria curado seus cavalos da sarna, lavando-os com vinho.

Emile Peynaud

O mundo do vinho deve muito a um homem que até os 90 anos foi um exemplo para jovens enólogos e pesquisadores: Jean Emile Peynaud. Não seria exagero dizer que, depois de Louis Pasteur e de Jean Ribéreau-Gayon – este considerado o fundador da enologia moderna –, Peynaud foi o mais influente e respeitado de todos os enólogos. Dirigiu o Departamento de Pesquisa da Estação Agronômica e Enológica de Bordeaux durante quase trinta anos e foi professor da Escola Superior de Enologia e do Instituto de Enologia.

Peynaud é autor de alguns livros clássicos, entre eles o *Traité d'œnologie*[1] (Tratado de enologia) – em dois volumes, que escreveu em parceria com seu mestre, Ribéreau-Gayon –, *Connaissance et travail du vin*[2] (Conhecer e trabalhar o vinho) e o mais conhecido, *Le goût du vin*[3] (O gosto do vinho), traduzido em Portugal e tido como a bíblia da degustação de vinhos. Um livro imprescindível para quem deseja se aperfeiçoar na arte da degustação.

Marquês de Pombal

Em meados do século XVIII, dado o grande sucesso que o vinho do Porto fazia no mundo, começaram a prosperar também as fraudes envolvendo esse produto. Comerciantes menos escrupulosos compravam vinhos de baixa qualidade de outras regiões, misturavam com o vinho do Douro e o vendiam como Porto. Com isso, a exportação caiu, a atividade deixou de ser lucrativa e, aos poucos, a miséria foi se instalando na região.

Foi quando entrou em cena um grande estadista: Sebastião José de Carvalho e Mello, o Marquês de Pombal. Primeiro-

-ministro de Dom José I, foi ele quem inspirou o alvará régio de 10 de setembro de 1756, instituindo a Companhia Geral da Agricultura das Vinhas do Alto Douro, logo conhecida como Real Companhia Velha.

O mais notável serviço prestado pela companhia foi a demarcação da região do Douro, realizada entre 1758 e 1761. Com as novas medidas, o prestígio do vinho do Porto voltou a crescer e, já em 1799, o produto representava mais de 50% das exportações portuguesas.

As viúvas de Champagne

O que seria do champanhe sem as mulheres? E não estamos falando apenas do charme e da beleza, porque, afinal, essa é uma associação natural. O assunto aqui são as famosas viúvas de Champagne. Assim ficaram conhecidas algumas mulheres que, na falta dos maridos, demonstraram grande competência na administração das casas produtoras de champanhe. Por exemplo, Louise Pommery, que, em 1858, aos 39 anos, assumiu a direção da casa que leva seu nome. Ou Madame Lilly Bollinger, que dirigiu sua empresa a partir de 1941, nos anos difíceis da Segunda Guerra Mundial.

E a mais emblemática de todas, Nicole-Barbe Ponsardin Clicquot, que tinha 27 anos quando perdeu o marido e assumiu os negócios da família. Foi ela, a viúva Clicquot, que pela primeira vez exportou champanhe para a Prússia e para a Rússia.

Hoje, a representante mais ilustre das viúvas de Champagne é Madame Carol Duval-Leroy, também ótima executiva e gerente da empresa da família, a Duval-Leroy.

Churchill

Respeitado por sua competência como primeiro-ministro da Grã-Bretanha durante a Segunda Guerra Mundial, Sir

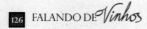

Winston Churchill tinha uma faceta menos conhecida publicamente: era um grande apreciador de champanhe.

O notável estadista gostava especialmente do champanhe Pol Roger. Costumava dizer que uma garrafa inteira, na refeição, era demais para ele; e a meia garrafa não compensava as palavras de censura que ouvia da mulher. Sabendo disso, a casa criou, exclusivamente para ele, uma garrafa de 3/4. Churchill dizia que a Pol Roger era "o endereço mais bebível do mundo". É também dele uma frase famosa sobre o champanhe: "Na vitória, nós o merecemos; na derrota, precisamos dele."

---

1. PEYNAUD, Emile; RIBÉREAU-GAYON, Jean. *Traité d'œnologie*. Paris: Béranger, 1961. 2 v.

2. PEYNAUD, Emile; BLOUIN, Jacques. *Connaissance et travail du vin*. Paris: Dunod, 1981.

3. PEYNAUD, Emile. *Le goût du vin*. Paris: Dunod, 1980.

FALANDO DE *Vinhos* A ARTE DE ESCOLHER UM BOM VINHO

Capítulo 14
Curiosidades

As organizações de tutela do vinho

Além do Ministério da Agricultura, por meio de suas seções regionais, qual é a entidade que cuida do estabelecimento de normas para a produção dos vinhos e da fiscalização das cantinas?

Em todo o mundo existem organizações particulares que realizam esse trabalho e cuidam dos interesses dos produtores, da divulgação do vinho e das chamadas ações de marketing. E mais: são entidades formadas pelos próprios produtores e, geralmente, por comerciantes de vinho – os maiores interessados na manutenção da qualidade dos vinhos de uma região e na prevenção de fraudes.

No Brasil, como mencionado, existe a Associação dos Produtores de Vinhos Finos do Vale dos Vinhedos (Aprovale), sediada na Serra Gaúcha. Na Europa, entre outras, o Consejo Regulador de Rioja, na Espanha; o Comitê Interprofissional do Vinho de Champagne, na França; e o Consorzio del Marchio Storico, na região do Chianti Classico, na Itália.

De onde vêm os vinhos que o Brasil importa?

O mercado brasileiro de vinho é muito dinâmico, traço típico de um país de novos consumidores. Esse fato, somado ao interesse das empresas estrangeiras em um mercado em crescimento, tem provocado alterações nas estatísticas de importação de vinhos de uns tempos para cá.

Todos os produtores dessa bebida têm um olho no mercado brasileiro. No entanto, em meio às incertezas políticas e às variações cambiais, sai na frente quem oferece a melhor relação custo-benefício. E, nesse ponto, nossos vizinhos sul-americanos estão levando vantagem.

Hoje, o país que mais exporta vinhos para o Brasil é o Chile. Segundo o Ministério do Desenvolvimento, Indústria

e Comércio Exterior, de janeiro a junho de 2003, foram importados 2.540.239kg líquidos de vinho daquele país.

Em segundo lugar, com 1.515.403kg líquidos, está a Itália, que perdeu mercado nos últimos anos, mas ainda mantém uma posição de destaque não só pela boa qualidade média dos produtos mas, certamente, em razão das fortes ligações culturais e afetivas entre os povos brasileiro e italiano.

Em terceiro, aparece outro vizinho: a Argentina, que vem se beneficiando muito não só das tarifas diferenciadas do Mercosul mas também da crescente qualidade de seus vinhos. E, por certo, ainda vai crescer muito. Quem mais sofreu a maior queda por aqui foi Portugal, figurando em quarto lugar na lista de nossas importações, um pouco abaixo da Argentina. Seguem-se França, Uruguai, Alemanha e Espanha e, bem distantes, Estados Unidos, África do Sul e Austrália.

Provérbios sobre vinho

Provérbios podem não conter verdades científicas, mas exprimem a sabedoria do povo. Nesse sentido, eles sempre estiveram presentes no mundo do vinho, a grande bebida da humanidade. Aqui estão alguns provérbios espanhóis:

"Quando o vinho desce, as palavras sobem."

"Do vinho e da mulher, livre-se o homem... se puder."

"Quem tem bom vinho tem bom amigo."

"Vinho e amigo, o mais antigo."

"Ensine seu filho a beber com o mesmo cuidado que o ensina a comer."

"Vinho em excesso nem guarda segredo nem cumpre promessa."

"O homem faz o vinho, o vinho refaz o homem."

"São os tonéis vazios que fazem mais barulho."

Esse último é especialmente dedicado a quem fala sem conhecimento.

O VINHO NA LITERATURA

O vinho é a mais socializante das bebidas, capaz de reunir pessoas e fazer amigos. Quem resumiu muito bem essas características foi o poeta gaúcho Mario Quintana, quando escreveu: "Por mais raro que seja ou mais antigo/ Só um vinho é deveras excelente:/ aquele que tu bebes docemente/ com teu mais velho e silencioso amigo."

Talvez com o mesmo espírito, o *Alcorão* afirma: "No fruto da vinha está o remédio da Humanidade." Omar Khayyam também louvou a bebida quando disse: "Bebe vinho! Só ele te dará a mocidade, ele é a vida eterna." E o filósofo romano Sêneca declarou: "O vinho lava nossas inquietações, enxuga a alma até o fundo e, entre outras coisas, garante a cura da tristeza."

Entretanto, é bom ficar atento à recomendação de Shakespeare em *Otelo*: "O bom vinho é uma criatura jovial... se bem usada." E à constatação do mesmo Mario Quintana quando afirmou categoricamente: "Quem bebe por desgosto é um cretino. Só se deve beber por gosto!"

"Existe mais filosofia em uma garrafa de vinho do que em todos os livros." Essa frase muito interessante foi dita pelo cientista Louis Pasteur. É dele também esta outra: "O vinho é a mais sadia e higiênica de todas as bebidas."

O filósofo grego Platão afirmou: "O vinho é o mais belo presente que Deus fez aos homens." E o escritor alemão Goethe não ficou atrás: "O vinho alegra o coração do homem, e a alegria é a mãe de todas as virtudes."

Já o escritor francês Pascal afirmou categoricamente: "Os bebedores de água têm mau caráter." Exagerou.

A classificação de 1855 em Bordeaux

No século XVII, começaram a aparecer os nomes das sub-regiões de Graves e Sauternes. Ao mesmo tempo, grandes vinhedos, como o Lafite, Margaux e Latour, passaram a ser conhecidos nas cortes europeias. Mas a primeira e mais duradoura classificação dos vinhos de Bordeaux só aconteceria em 1855.

Essa classificação foi feita pelos corretores de vinho de Bordeaux, por encomenda do Imperador Napoleão III, para acompanhar as amostras da bebida que seriam enviadas à Exposição Mundial de Paris. Ela contemplou apenas as sub-regiões da margem esquerda do rio Gironde. Na ocasião, foram classificados 58 vinhos, desde *premiers* até *cinquièmes crus*. Os *premiers* foram os *châteaux* Latour, Lafite Rothschild, Margaux e Haut-Brion. Mais de um século depois, em 1973, um decreto do Presidente Giscard d'Estaing acrescentou aos *premiers crus* o Château Mouton-Rothschild. Essa classificação vale até hoje.

Rolhas de material sintético

De uns tempos para cá, surgiram no mercado muitas garrafas com rolhas de material sintético. Os apreciadores de vinho indagam o motivo da mudança, bem como se a nova rolha provoca algum tipo de alteração no vinho.

Dois motivos principais levaram a essa prática. Primeiro, a cortiça, material usado tradicionalmente para vedar as garrafas, está ficando cada vez mais escassa, resultando no aumento de preço da rolha. A segunda razão é que o sobreiro, árvore da qual se extrai a cortiça, às vezes é acometido por um fungo que deixa um mau cheiro em sua casca e, como resultado, na rolha do vinho. O material sintético é mais barato e não tem o inconveniente do chamado "cheiro de rolha".

Cabe ressaltar que os vinhos com rolhas de material sintético não são vinhos de guarda. Estes precisam respirar um pouco, o que só é possível com o uso da rolha de cortiça. Os vinhos com rolha sintética devem ser consumidos num breve período.

O vinho como elemento socializante

Em ocasiões como o Natal e outras datas especiais para os povos cristãos, o vinho está sempre presente nas mesas. Por isso, vale a pena refletir um pouco sobre o papel dessa bebida que vem acompanhando a humanidade há milênios.

Se, por um lado, o vinho está ligado aos ritos dionisíacos da Grécia e às orgias promovidas pelos seguidores de Baco, por outro há um forte componente de fraternidade e entendimento entre as pessoas, inaugurado com a Santa Ceia, quando Jesus Cristo reuniu seus discípulos para confraternizar com eles.

É assim que o vinho deve ser entendido também nos dias de hoje: como um elemento socializante, capaz de unir as pessoas, promover a amizade e a compreensão. Sem dúvida, a festa e a alegria são essenciais, mas a moderação e a tolerância são virtudes a serem cultivadas pelo verdadeiro apreciador do vinho.

De onde vem o carvalho das barricas?

Todos concordam que o carvalho é a madeira mais apropriada para a fabricação das barricas. Essa madeira, entretanto, pode ter procedências diversas. Só na França, por exemplo, há mais de 13 milhões de hectares de florestas, e o carvalho representa 40% desse total. Lá, existem diferentes tipos de carvalho – de Alliers, Tronçais, Nevers, Limousin, Vosges e Argonne – e cada um deles é adequado a um tipo de vinho,

de acordo com a porosidade da madeira. Já os italianos do Piemonte, sobretudo os produtores do Barolo, usam tonéis de carvalho esloveno.

O grande rival do carvalho francês é seu similar norte-americano, especialmente dos estados do Missouri e da Virgínia. A grande diferença entre o carvalho norte-americano e o europeu está na quantidade de baunilha: o primeiro tem cerca de duas vezes e meia mais baunilha que o segundo. Além disso, afirmam alguns enólogos, o carvalho norte-americano é mais agressivo: existe o risco de que a madeira se sobreponha à fruta do vinho, o que não é exatamente desejável.

A QUE TEMPERATURA CONGELA O VINHO?

Ao final da fermentação alcoólica, quando já está quase pronto, o vinho passa por um processo de resfriamento cuja finalidade é estimular a precipitação de um sal chamado bitartarato de potássio. Para isso, é submetido a uma temperatura de até -4°C a -5°C. Mas será que o vinho não congela nesse ponto?

É muito fácil calcular a temperatura de congelamento de qualquer solução hidroalcoólica. Ela só congela a uma temperatura abaixo de zero que seja igual à metade mais um de sua graduação alcoólica. Por exemplo, um vinho de 12° de álcool: 12 dividido por dois é igual a seis; somando um, dá sete. Portanto, esse vinho só vai congelar à temperatura de 7°C abaixo de zero.

É por isso que a cerveja, que tem em média 5° de álcool, congela facilmente. A vodca, porém, com cerca de 40°, mesmo colocada no congelador, não congela. Mas é melhor não submeter o vinho a temperaturas tão baixas: para resfriá-lo, nada melhor que uma adega climatizada ou um simples balde com gelo e água.

A lenda do gallo nero

O Chianti Classico é facilmente identificado pela figura de um pequeno galo negro (*gallo nero*) fixada no gargalo da garrafa. Não é uma exigência legal, porém muitos produtores adotam o símbolo.

A história do *gallo nero* é a seguinte: antes de a Itália ser unificada, duas cidades-estado da Toscana, Florença e Siena, discutiam os limites de seus vinhedos. Para resolver a questão, combinaram que, quando o galo cantasse, sairia um cavaleiro de cada cidade, e o local em que eles se encontrassem passaria a ser a linha divisória. Conta-se que os habitantes de Siena escolheram um galo branco, gordo e de boa aparência, enquanto os de Florença preferiram um galo negro e mal-alimentado. Cheio de fome, o galo de Florença acordou mais cedo e cantou primeiro. Assim, o cavaleiro florentino levou vantagem e ampliou os limites de seus vinhedos.

Isso é uma lenda, mas, em 1924, quando os produtores da região resolveram fundar o Consórcio do Chianti Classico, lembraram-se da história e adotaram o *gallo nero* como símbolo da instituição. Como dizem os próprios italianos, *si non è vero, è bene trovato* (se não é verdadeiro, ao menos é bem-bolado).

Histórias do vinho do Porto

Os ingleses sempre foram os grandes divulgadores – e durante muito tempo também os principais importadores – do vinho do Porto. Até hoje, várias empresas vinícolas estabelecidas no Douro e na cidade de Vila Nova de Gaia, em frente ao Porto, pertencem a cidadãos britânicos. Por esse motivo, existem várias histórias, lendas e hábitos tipicamente ingleses relativos ao Porto.

Uma dessas histórias conta que o Almirante Nelson, reunido com seus oficiais para definir a estratégia que usaria na batalha de Trafalgar, teria desenhado o plano de batalha, no tampo de uma mesa, molhando o dedo no vinho do Porto.

Os ingleses também têm o hábito de servir o vinho do Porto exclusivamente no sentido horário. É muito conhecida a expressão *Port never goes right* ("O Porto nunca segue pela direita"). Por isso, quando um convidado pede a garrafa que está com o vizinho da esquerda, ela circula obrigatoriamente pela esquerda, até chegar a quem a solicitou. Isso quando chega, porque sempre há o risco de acabar no caminho, algo perfeitamente compreensível quando se trata de vinho do Porto.

Os maiores produtores de vinho do mundo

Dados oficiais do Office International de la Vigne et du Vin (OIV), de 1999, revelam que são produzidos em todo o mundo cerca de 34 bilhões de litros de vinho. Os maiores produtores — hoje, como sempre — são a Itália, beirando os 6 bilhões de litros, e a França, logo depois, com cerca de 5,9 bilhões de litros. Vez por outra, essas posições se invertem, mas, de fato, Itália e França são responsáveis por mais de um terço de toda a produção mundial de vinhos.

Em terceiro lugar, mas bem abaixo, figura a Espanha, com 3,2 bilhões de litros. Em seguida, os Estados Unidos: com quase 2 bilhões. Em quinto, a Argentina. Em sexto, a África do Sul. O Brasil produziu pouco mais de 272 milhões de litros de vinho em 1999, de acordo com a União Brasileira de Vitivinicultura (Uvibra).

Os flying winemakers

Na Fórmula 1, havia um piloto chamado Jackie Stewart, conhecido como "o escocês voador". Hoje, existem os "enólogos voadores" (*flying winemakers*), profissionais de grande competência cujo trabalho é prestar consultoria em diversos países e, por isso, estão sempre voando para lá e para cá. Um dos primeiros foi o australiano Peter Bright, que fez um ótimo trabalho em Portugal.

Na Itália, o mais prestigiado é Ricardo Cotarella, mais de uma vez eleito "o enólogo do ano", que presta consultoria de norte a sul do país e até em Bordeaux.

Dos norte-americanos, um dos mais famosos é Paul Hobbs, que ajudou a desenvolver um vinho mítico da Califórnia, o Opus One, e colocou a casa argentina Catena Zapata entre as maiores vinícolas da América Latina.

O mais conhecido e disputado entre esses enólogos itinerantes, porém, é o francês Michel Rolland, uma verdadeira lenda viva. Rolland é consultor de mais de cem vinícolas, em 12 países, incluindo o Brasil. Isso é globalização!

O VINHO E OS AMIGOS

Uma das características mais interessantes do vinho é sua capacidade de reunir amigos para uma conversa boa e inteligente. Mas quais seriam os melhores momentos para se abrir uma garrafa?

Quem tinha uma teoria muito particular a esse respeito era o saudoso enólogo gaúcho Oscar Guglielmone, proprietário da Adega Medieval, de Viamão (RS). Ele dizia que existem cinco motivos mágicos para se beber um vinho: pela qualidade da bebida em si, pela sede presente, pela sede futura, pela chegada de um amigo e por qualquer outro motivo.

POR QUE CERTOS VINHOS SÃO TÃO CAROS?

Quando se quer falar em vinho absolutamente caro, costuma-se citar como exemplo o Romanée-Conti, que, no Brasil, não sai por menos de U$2mil. Mas o que leva um vinho a custar tanto?

Certamente, antes de tudo, é a alta qualidade. Não há dúvida de que o Romanée-Conti, assim como o Petrus e o Montrachet – para lembrar apenas os mais comentados –, é um grande vinho. A outra questão está ligada à lei da oferta e da procura. O vinhedo do Romanée-Conti, situado na Côte d'Or, na Borgonha, ocupa apenas 1,8ha e produz em média seis mil garrafas por ano: é muito pouco para a demanda.

Existe ainda a questão do status. Assim como algumas pessoas estão dispostas a pagar milhares de dólares por um automóvel, há quem pague muito por uma garrafa. O que não é razoável, nesses casos, é discutir se o vinho vale ou não o que custa. É um vinho especial e pronto!

É POSSÍVEL COMPARAR VINHOS DE PAÍSES DIFERENTES?

"Outro dia provei um Chardonnay francês e era melhor que este Chardonnay argentino!" Será razoável fazer esse tipo de observação? Não são nada convenientes as comparações entre vinhos de diferentes países. São vários os fatores que determinam as distinções entre os produtos. Por exemplo, cada região tem suas peculiaridades: o clima, o solo e seus microelementos, a altitude do vinhedo, a influência marítima, a exposição ao sol, tudo muda e faz diferença. Ainda que a uva seja a mesma, os vinhos serão necessariamente diversos.

Todo mundo tem o direito de preferir esse ou aquele vinho, mas fazer comparações não é uma boa ideia.

QUEBRANDO TABUS

No mundo do vinho, existem alguns tabus, conceitos tidos como verdades absolutas, que precisam ser esclarecidos. Como foi dito, um deles afirma que "Quanto mais velho, melhor o vinho". Cada vez mais, a indústria coloca no mercado vinhos já prontos para serem apreciados. Quem ficar guardando um vinho indefinidamente corre o sério risco de perdê-lo. Só os grandes vinhos admitem uma guarda de dez, quinze anos.

Outro engano é pensar que o vinho tinto é sempre o ideal para acompanhar queijos. Vários queijos vão muito bem com vinho branco seco: *emmental*, *brie*, *camembert*, queijo de cabra fresco e até o parmesão.

A temperatura ideal para consumo é outro mito. Vinhos brancos, em geral, ficam bem entre $10°C$ e $12°C$; tintos, entre $16°C$ e $20°C$. Esqueça aquela regra de beber vinho tinto à temperatura ambiente.

É PRECISO EXPERIMENTAR NOVOS VINHOS

Não existe uma fórmula mágica para saber se um vinho é bom, a não ser depois de aberta a garrafa. Experimentar é preciso e descobrir novidades interessantes é um dos grandes prazeres que o vinho nos proporciona.

Os vinhos clássicos – aqueles de reconhecida qualidade, de produtores consagrados – praticamente não oferecem riscos. Quanto aos vinhos novos, a melhor política é levar uma garrafa para casa, provar juntamente com os amigos ou com a família e fazer a avaliação. Se gostar, é só voltar à loja e comprar mais. As surpresas serão muito agradáveis, visto que, hoje, existem na praça bons vinhos, de diversas variedades de uvas e países, por preços bastante acessíveis. É só deixar de lado os preconceitos e experimentar.

VINHOS DE BUTIQUE

Na segunda metade da década de 1990, uma expressão até então desconhecida começou a circular entre os enófilos: os chamados vinhos de butique, ou *vins de garage*, como também são denominados.

É um típico modismo da nossa época e, como não podia deixar de ser, nasceu nos Estados Unidos, mais exatamente na Califórnia. São aqueles vinhos de alta qualidade, produzidos em quantidade muito pequena e, por isso mesmo, caríssimos. Em geral, são Cabernet Sauvignon com uma produção de duzentas a trezentas caixas que mal chegam ao mercado, porque já estão destinadas a clientes especiais.

Os franceses chamam seus grandes vinhos de *vins de rêve* (vinhos de sonho), mas estes, bem ou mal, estão disponíveis. Os vinhos de butique, definitivamente, estão fora do alcance da maioria dos apreciadores.

O VINHO COMO REMÉDIO UNIVERSAL

Nos últimos anos, foram divulgados estudos informando que o vinho faz bem à saúde. Descobriu-se, por exemplo, por meio de pesquisas sérias, que a incidência de infarto do miocárdio é menor em países como França e Itália, onde se consome muito vinho.

A isso denominou-se "paradoxo francês", porque é notório que, na França, a ingestão de comidas ricas em gorduras é muito grande.

A ação benéfica do vinho não é novidade. Já na Antiguidade, Hipócrates recomendava a seus pacientes o uso do vinho como diurético.

A grande novidade dos últimos anos foi a descoberta de certas substâncias presentes no vinho tinto que estimulam a produção do HDL, o chamado bom colesterol, e dificultam a agregação das plaquetas. Partindo dessa conclusão, o vinho pode ser bebido sem culpa. Ainda assim, o consumo deve ser moderado, de duas a três taças diárias, de preferência acompanhando as refeições.

Existe um livro, escrito por um médico francês, que chega a indicar vinhos diferentes para cada tipo de problema. Chama-se *La médecine par le vin — La santé par le vin c'est possible — Les bons conseils d'un médecin œnologue*[1] (A medicina do vinho), do Doutor E. Maury. Naturalmente, as indicações são sempre de vinhos franceses.

Para artrite, vinhos da Alsácia ou Chablis; para bronquite, dois tintos do Beaujolais — o Juliénas ou o Moulin-à-Vent; para emagrecer, entre outros, o Volnay e o Pommard, da Borgonha; tintos do Médoc seriam bons para a sonolência. Há até vinho para combater a velhice: o champanhe. Pensando bem, até que faz sentido.

---

1. MAURY, Dr. E. *La médecine par le vin — La santé par le vin c'est possible — Les bons conseils d'un médecin œnologue*. Paris: Éditions Artulen, 1993.

FALANDO DE *Vinhos* A ARTE DE ESCOLHER UM BOM VINHO

Capítulo 15
Vocabulário do vinho

Conhecendo a terminologia

Como acontece em qualquer ramo da atividade humana, o vinho e sua degustação adotam uma linguagem própria. É importante conhecer essa terminologia até para poder conversar com os amigos sobre o vinho.

Fala-se muito, por exemplo, em vinho rascante. Essa é uma expressão popular para o vinho adstringente, aquele tinto que provoca certo travo na boca, decorrente do tanino, uma substância presente na casca da uva. Nesse caso, diz-se que o vinho é mais ou menos tânico.

Vinho seco é o que tem pouco açúcar residual: numa degustação, não se consegue perceber o açúcar na boca. Já o chamado suave, ou *demi-sec*, é ligeiramente adocicado, portanto mais adequado para depois da refeição, servido bem refrescado.

Vinho macio, redondo ou aveludado é aquele que desce muito bem, lembrando a textura do veludo. Quanto maiores as concentrações de açúcar e álcool, mais macio ele é.

Os vinhos doces, por exemplo, são sempre redondos. Vinho fragrante é o que tem muito frescor olfativo, dando a sensação de abrir as mucosas nasais, como se o degustador estivesse cheirando uma folha de hortelã ou uma maçã.

Vinho encorpado é aquele que "enche a boca", que tem bom teor alcoólico – ideal para acompanhar carnes fortes. Um vinho leve é o contrário: pouco álcool, ligeiro na boca, bom para pratos delicados.

Quando se diz que um vinho está pronto, significa que deve ser bebido naquele momento. Se for um vinho duro, é o oposto: muito jovem, ainda precisa de algum tempo para ficar pronto.

Leitura do rótulo do vinho brasileiro

Há expressões no rótulo do vinho brasileiro que merecem a atenção do consumidor. Uma delas é a palavra "fino". Vinho fino é aquele elaborado exclusivamente com uvas viníferas, ou seja, uvas nobres, de origem europeia. Não é necessariamente um indicativo de qualidade, mas da origem das uvas. A qualidade sempre vai depender do produtor.

A expressão "varietal" indica um vinho baseado em determinada variedade de uva. No caso do vinho brasileiro, se pelo menos 60% de uma uva estiver presente no produto, seu nome já pode ser declarado no rótulo.

E fique atento para a indicação da categoria do vinho quanto ao teor de açúcar: seco (com até 5g de açúcar por litro), *demi-sec* (de 5,1g a 20g) e suave (acima de 20,1g de açúcar por litro). Essa informação é obrigatória: tem de aparecer no rótulo ou no contrarrótulo.

Expressões do rótulo francês

Os rótulos de vinhos estrangeiros às vezes confundem um pouco o consumidor com certas expressões previstas na legislação de cada país. Uma delas, muito usada em Bordeaux, é *mis en bouteille au château*, que significa, literalmente, "engarrafado na propriedade". Isso nos informa que se trata de um produtor direto, ou seja, responsável por todo o processo: ele planta a uva, colhe, faz o vinho, passa-o ou não em barrica, engarrafa e vende.

O outro tipo de procedimento é o do *négociant*. É uma firma de negócios que, por não ter vinhedos próprios ou não ter uva suficiente, compra vinhos de terceiros, passa-os ou não em barrica, engarrafa e vende. Assim, não pode informar com exatidão a origem daquele vinho. Nem por isso a qualidade é inferior à da bebida do produtor direto: tudo vai depender da credibilidade e da competência da empresa.

O que é terroir?

O termo francês *terroir* lembra terreno e, assim, parece se referir exclusivamente ao solo onde está o vinhedo. Mas o conceito de *terroir*, na verdade, é muito mais amplo. É o conjunto de condições naturais de cada vinhedo. Naturalmente, o solo faz parte desse conjunto: o material que constitui o terreno, a drenagem, os nutrientes ali presentes. Mas a noção de *terroir* engloba ainda o microclima, a altitude, a inclinação do terreno e a exposição do vinhedo ao sol.

É em razão dessa diversidade de características que, muitas vezes, dois vinhedos vizinhos produzem vinhos tão diferentes. Do ponto de vista do *terroir*, não existem, rigorosamente, dois vinhedos iguais.

Château, domaine e clos

A julgar pelos rótulos dos vinhos de Bordeaux, essa é a região da França e do mundo com mais castelos, visto que quase todo vinho tem o nome precedido pela palavra *château*. Mas não é bem assim. Aliás, a região da Touraine, no Vale do Loire, tem ainda mais castelos que Bordeaux.

Existem alguns castelos e mansões belíssimos em Bordeaux, sobretudo nas regiões do Médoc, Saint-Julien e Margaux. Mas a expressão *château* significa uma propriedade vinícola compreendendo todas as suas unidades: a casa do proprietário, a cantina de vinificação, as caves de envelhecimento e as demais instalações.

O termo *château* é mais usado em Bordeaux. Na Borgonha, na Alsácia e no Vale do Loire, o nome correspondente é *domaine*, quase sempre presente nos rótulos. Usa-se, igualmente, em alguns casos, a expressão *clos* – o Clos de Vougeot, por exemplo. Nesse caso, significa que o vinhedo, ou a propriedade, é todo cercado por um muro.

Blanc de blancs e blanc de noirs

Ao contrário do que se pensa, *blanc de blancs* não é uma marca de vinho, mas apenas um método de produzi-lo. Em sentido literal, quer dizer "branco de brancas", ou seja, um vinho branco, de qualquer origem, feito unicamente com uvas brancas. Esse é o procedimento habitual na produção dos vinhos brancos.

Quando o rótulo exibe a expressão *blanc de noirs* significa que aquele vinho branco foi feito com uvas tintas. É possível fazer isso retirando a casca da uva e deixando somente a parte líquida fermentar. O vinho sai branco, embora originário de uvas tintas. É um método muito utilizado, por exemplo, em Champagne.

O termo "classico"

Cada país produtor de vinhos tem uma legislação específica sobre a matéria. Por vezes, certos termos exibidos no rótulo são difíceis de entender. É o caso da expressão *classico* nos vinhos italianos. Qual é a diferença entre Chianti e Chianti Classico, por exemplo?

Na Itália, o termo *classico* refere-se à zona historicamente mais antiga, de maior tradição em determinada região. Pelo menos em teoria, é dali que provêm as melhores uvas. O Chianti nasceu exatamente na área hoje chamada de Chianti Classico, entre as cidades de Florença e Siena.

Um detalhe importante: isso não quer dizer, necessariamente, que um Chianti Classico ou um Valpolicella Classico sejam melhores que um Chianti ou um Valpolicella simples. A palavra *classico* remete simplesmente à origem das uvas. Vale repetir, a qualidade do vinho vai depender sempre da competência do produtor.

O termo "reserva" na Espanha, na Itália e no Brasil

Todo consumidor já se deparou, na prateleira de uma loja, com um vinho que estampa no rótulo a palavra "reserva". Se for um tinto espanhol, a definição é bastante clara e prevista na lei daquele país. Na Espanha, existem três categorias de vinhos tintos submetidos a envelhecimento antes de serem colocados no mercado. O mais simples é o *crianza*: 24 meses de envelhecimento, sendo no mínimo 12 em barrica; em seguida, o *reserva*: 36 meses de envelhecimento, com pelo menos 12 em madeira; e, por fim, o *gran reserva*: no mínimo, dois anos em carvalho e três em garrafa.

Na Itália, o prazo de envelhecimento de um vinho varia de acordo com as normas de cada região demarcada. Um Barolo Riserva, por exemplo, deve ter passado pelo menos cinco anos em madeira; no caso do Chianti Classico, da Toscana, a lei prevê um mínimo de 29 meses para o riserva.

Brasil, Chile e Argentina não dispõem de legislação que trate dessa matéria. Em geral, os produtores costumam usar a expressão "reserva" para designar seu melhor vinho, sem a obrigação de ser mais ou menos envelhecido.

A Editora Senac Rio de Janeiro publica livros nas áreas de Administração
e Negócios, Beleza e Estética, Ciências Humanas, Comunicação e Artes,
Desenvolvimento Social, Design, Educação, Turismo e Hotelaria,
Gastronomia e Enologia, Informática,
Meio Ambiente, Moda e Saúde.

Visite o site **www.rj.senac.br/editora**,
escolha os títulos de sua preferência e boa leitura.

Fique atento aos nossos próximos lançamentos!

À venda nas melhores livrarias do país.

Editora Senac Rio de Janeiro
Tel.: (21) 2545-4819 (Comercial)
comercial.editora@rj.senac.br

Disque-Senac: (21) 4002-2002

Este livro foi composto em Perpetua e Venetian e
impresso em papel *offset* 90g/m^2, pela
Walprint Gráfica e Editora Eireli, para a
Editora Senac Rio de Janeiro,
em janeiro de 2015.